Gespräche mit dem Chef

Inhalt

Keine Angst vor großen Tieren

Der Kommunikation zwischen Vorgesetzten und Mitarbeitern wird immer größere Bedeutung beigemessen. Ob es um Zielvereinbarungen, berufliche Weiterentwicklung oder Kritik geht: Es kommt darauf an, die eigenen Interessen in einem Gespräch überzeugend zu vertreten und angemessen auf sein Gegenüber zu reagieren. Wenn Sie gut vorbereitet sind, ist die Furcht vor dem »Chef« völlig unbegründet.

→ interview

» Zuerst war ich mir ganz unsicher, was mein Chef so plötzlich von mir wollte. Er rief mich an, fragte, ob ich am darauf folgenden Dienstag eine halbe Stunde Zeit für ihn hätte. Er sagte nur, er wolle sich mit mir über meine Zukunft unterhalten und legte wieder auf. Ein wenig mehr hätte er mir schon mitteilen können. Er überraschte mich mit seinem Anruf so sehr, dass ich nicht auf die Idee kam, ihn zu fragen, welchen Aspekt meiner Zukunft er denn besprechen will ... «

DAS GESPRÄCH IST ANBERAUMT

Die Spannung vor dem Termin

Dieser Ratgeber beschäftigt sich mit Situationen, die den meisten berufstätigen Menschen vertraut sind: Ein Vorgesetzter, der Chef oder die Chefin, bittet zum Gespräch. Der Vorgesetzte will wissen, woran Sie gerade arbeiten und erwartet schnellstgehend einen Bericht.

Die Stimmung in der Abteilung ist mies, den Chef interessiert, warum. Sie haben die Umsatzzahlen gesteigert, nun bekommen Sie eine Prämie angeboten. Tagtäglich ergeben sich neue Anlässe für einen Vorgesetzten, das Gespräch mit seinen Mitarbeiterinnen und Mitarbeitern zu suchen.
Umgekehrt haben auch die Mitarbeiter immer wieder großes Interesse daran, sich mit dem

Chef zu besprechen. Sei es ein Weiterbildungswunsch, ein Urlaubsersuchen oder der Konflikt zwischen zwei Abteilungen – ein Termin beim Vorgesetzten stellt die Sachlage klar und bereitet Entscheidungen vor.

So vertraut solche Gesprächssituationen auch sind, so sorgt ihre Ankündigung bei vielen Beschäftigten regelmäßig für Verunsicherung und Magenbeschwerden. Auch Cora Michalik, 32, Grafikerin und Angestellte einer alteingesessenen, regional-verankerten Werbeagentur fühlte sich in den Tagen vor dem Gespräch mit ihrem Chef unwohl. Ihr Vorgesetzter hatte den Termin ungewohnt förmlich und unnahbar anberaumt, auf eine Weise, die sie ansonsten gar nicht von ihm kannte. Die Kollegen allerdings beruhigten Frau Michalik: Er werde ihr schon nicht kündigen. Sie dachte schließlich darüber nach, ob er ihr vielleicht einen besser dotierten Job antragen würde. Aber als Frau, Anfang 30 und noch nicht lange in der Firma, rechnete sie eigentlich nicht mit einer solchen Chance. Weil sie sich über die Motive des Chefs nicht klar werden konnte, überlegte Cora Michalik , welche Anliegen sie eigentlich selbst mit ihrem Chef, Herrn Naumer, besprechen könnte. Vielleicht könnte sie den Termin als Chance nutzen, etwas für sich zu tun? Zur allgemeinen Anspannung vor dem Termin gesellen sich die Bedenken wegen des häufig ungewissen Verlaufs. Viele Entscheidungen scheinen einseitig dem Gutdünken des Vorgesetzten unterworfen. Gerade wenn das Machtgefälle und die Abhängigkeiten groß sind, wächst die Gefahr für die Mitarbeiter, während der Begegnung die eigenen Interessen nicht ausreichend zu vertreten. Ist der Vorgesetzte dann noch unberechenbar launenhaft, können Termine beim Chef auch schlaflose Nächte bereiten.

Sind die Verhältnisse in der Firma weniger hierarchisch, fällt es den Beteiligten aber nicht etwa leichter, miteinander umzugehen. Ohne eine klare Rollenverteilung wagt es dann eventuell ein Chef nicht, dem Mitarbeiter unangenehme Dinge mitzuteilen. Oder ein Mitarbeiter blockt die Vorgaben eines Chefs ab, weil er nicht wirklich akzeptiert, dass dieser ihm Anweisungen erteilen darf.

Am Ende lässt ein Gespräch mit dem Chef häufig mehr Fragen offen, als es löst, und Sie sind genauso wenig im Bilde über Ihre bevorstehenden Aufgaben wie vorher. Die Gründe

Konzentrieren Sie sich vor dem Termin auf Ihre Ziele und Stärken.

mögliche schwierigkeiten im gespräch

✔ Gegensätzliche Interessen (Sie denken an sich, der Chef denkt an die Firma)

✔ Machtgefälle (Sie müssen Weisungen entgegennehmen, während der Chef anordnet)

✔ Persönlichkeitseigenschaften (Sie sind zurückhaltend, der Chef aufbrausend)

✔ Führungsstil (der Chef ist zwar ein guter Fachmann, aber kein guter Motivator und entscheidungsschwach)

dafür sind leicht nachvollziehbar: Allein der Status- und Rollenunterschied zwischen Führungskraft und Mitarbeiter bedingt ungleiche Verhältnisse und oftmals gegensätzliche Interessen. Hinzu kommen verschiedene Persönlichkeitseigenschaften der Beteiligten, die entweder harmonieren können oder nicht. Dies wiederum führt zu einem jeweils individuellen Stil, in solchen Situationen zu kommunizieren. Daraus resultieren dann ein bestimmter Führungsstil und die jeweiligen Eigenarten, auf einen Führungsstil zu reagieren. Nach längerer Zeit in den vertrauten Rollen entstehen kommunikative Muster, denen beide Seiten kaum noch entkommen können, da sie sich in allen Situationen wiederholen.

Allerdings verantworten nicht nur die beiden Gesprächspartner das Geschehen: Das kommunikative Klima hängt auch von der Größe und Struktur der Organisation ab und welchen Stellenwert das persönliche Gespräch innerhalb der Firma einnimmt.

Es ist wichtig, dass Sie die Gründe für Schwierigkeiten im Gespräch mit dem Chef etwas näher beleuchten. Vielleicht fragen Sie sich manchmal, wieso Sie mit Ihrem Chef nicht wirklich reden können. Vielleicht interessiert Sie, warum Ihre Chefin nie auf kooperativer Basis mit Ihnen kommuniziert, sondern immer nur Dienstanweisungen ausspricht. Eventuell möchten Sie aber auch nur etwas sicherer in eine der nächsten Gesprächssituationen hineingehen, besser vorbereitet, innerlich ruhiger.

Es gibt viele Möglichkeiten, wie Sie die Vorbereitung, den Ablauf und die Ergebnisse eines Gesprächs mit dem Chef verbessern können. Im Folgenden kommen häufige Probleme in den Gesprächssituationen anhand praktischer, lebensnaher Beispiele zur Sprache. Darüber hinaus sind für Sie alle wesentlichen Merkmale solcher Gespräche, allgemeine Verhaltenstipps und die Tricks, die Vorgesetzte anwenden, die eigenen Ziele zu erreichen, aufgelistet. Diese rhetorischen Finessen zu kennen, wird Sie dabei unterstützen, in den bevorstehenden Gesprächen mit Ihren Vorgesetzten sowohl der Situation angemessen als auch zu Ihrer eigenen Zufriedenheit zu kommunizieren.

Selbstverständlich sind die in den Kapiteln beispielhaft vorgestellten Gesprächssituationen Mischformen. Bestandteile des Entwicklungsgesprächs können sich jederzeit auch in einem Gehaltsgespräch finden. Elemente der Rückmeldung sind wesentlich in einem Zielvereinbarungsgespräch. So wie sich Inhalte zwischen verschiedenen Situationen ergänzen und überschneiden, vermengen sich auch die Kommunikationsstile der Beteiligten. Die momentane Stimmung in der Beziehung zu Ihrem Chef erzeugt den Rahmen für den anstehenden Wortwechsel. Sie kämen nicht auf die Idee, ein Gehaltsgespräch anzuberaumen, wenn der Chef seit zwei Wochen gestresst über die Flure stürmt. Sie könnten in einer solchen Situation überhaupt nicht stimmig und im Sinne Ihrer Interessen auftreten. Sie wissen, Ihr Chef würde Ihr Ansinnen schlicht blockieren. Wahrscheinlich würde er Sie nicht einmal anhören.

Vielleicht ist es hier besser, eine Feedback-Sitzung mit Ihrem Chef zu vereinbaren. Denn womöglich schlägt es sich auf Ihre Leistung nieder, dass der Chef eine solche Stimmung verbreitet. Eventuell trauen Sie sich heute noch nicht, einen solchen Schritt zu gehen. Doch vielleicht erscheint es Ihnen, nachdem Sie dieses Buch gelesen haben, als eine interessante Möglichkeit, den Dingen eine neue Entwicklung zu geben.

Kommunikation zwischen Menschen gestaltet sich durch das Suchen nach neuen Wegen der Verständigung und das Entwickeln von Strategien, diese Wege zu gehen – so festgefahren uns vielerorts der übliche Gang der Dinge erscheint. Doch blockiert ist die Kommunikation nicht wegen ihrer Unveränderbarkeit, sondern durch die Angst, mit neuen Strategien unser Gegenüber zu verschrecken und auf Ablehnung zu stoßen. Bekanntermaßen reagieren große Tiere eher handzahm, wenn man ihnen angstfrei begegnet. Wer sich also seines Handelns sicher ist, braucht auch den Chef nicht zu fürchten. Denn auch für das Gespräch mit den leitenden Angestellten gilt: Wie man in den Wald hineinruft, so schallt es heraus.

Es kann leichter sein, als Sie vermuten, den richtigen Ton zu treffen und sich auf die manchmal schwierigen Gesprächssituationen mit dem Chef auf neue Weise einzulassen.

gelungene gespräche

Bei Gesprächssituationen ist es wichtig,

✔ der Situation gemäß zu kommunizieren,

✔ gegenläufige Interessen auszugleichen,

✔ zur eigenen Zufriedenheit zu kommunizieren,

✔ die Vorbereitung zu verbessern,

✔ die äußeren Umstände angemessen zu berücksichtigen,

✔ den jeweils richtigen Gesprächston zu treffen,

✔ Ihre Ängste abzubauen.

Welche Funktion hat das Mitarbeitergespräch?

Wie bei Cora Michalik, deren Gesprächssituation als Beispiel dient, sind die Gespräche zwischen Mitarbeitern und Vorgesetzten anlassbedingt. Lassen Sie sich in der Alltagskommunikation zwischen Tür und Angel, auf dem Flur oder in der Betriebskantine nicht auf Problemgespräche ein. Obwohl gerade diese kleinen Momente zwischendurch dem Fluss der Beziehung nachhelfen können, eignen sie sich nicht, die wirklich wichtigen Angelegenheiten zu besprechen.

Zu einem ernst zu nehmenden Mitarbeitergespräch gehört genügend Vorbereitungszeit, ein ruhiger Ort und eine möglichst ungestörte Atmosphäre ohne großen Zeitdruck.

Wegen des hierarchischen Gefälles zwischen den Beteiligten beraumt in der Regel die Führungskraft ein solches formales Treffen an. Manchmal bittet aber auch die Mitarbeiterin oder der Mitarbeiter den Chef um einen Termin. Sowohl eine erwünschte Lohnerhöhung als auch der Weiterbildungsurlaub oder die Rückmeldung an den Chef zählen zu den Anlässen, bei denen Sie aktiv werden könnten. Neben dem oben erwähnten Beispiel zur Förderung und Entwicklung bitten sich Vorgesetzte und Mitarbeiter aus verschiedensten Gründen zu Gesprächen.

Obwohl durch spezifische Anlässe ausgelöst, kommen in einem Mitarbeitergespräch meist mehrere Themen zur Sprache. Die verflochtene, betriebliche Wirklichkeit ließe es auch gar nicht zu, bei einem Entwicklungsgespräch die Stimmung in der Organisation, die Aufstiegschancen der Angestellten und den Führungsstil der Chefetage außen vor zu lassen. Daher beziehen sich auch die Beispiele der folgenden Kapitel immer auf das Leitthema eines Gesprächs und nehmen dies zum Ausgangspunkt, die Gesprächsstrategie aufzubauen. Bevor Sie sich jedoch mit dem genauen Aufbau eines Gesprächs beschäftigen, sollten Sie

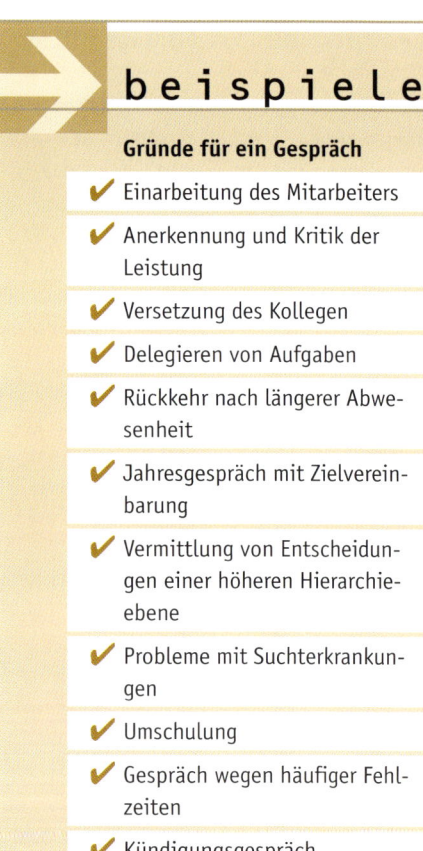

beispiele

Gründe für ein Gespräch

✔ Einarbeitung des Mitarbeiters

✔ Anerkennung und Kritik der Leistung

✔ Versetzung des Kollegen

✔ Delegieren von Aufgaben

✔ Rückkehr nach längerer Abwesenheit

✔ Jahresgespräch mit Zielvereinbarung

✔ Vermittlung von Entscheidungen einer höheren Hierarchieebene

✔ Probleme mit Suchterkrankungen

✔ Umschulung

✔ Gespräch wegen häufiger Fehlzeiten

✔ Kündigungsgespräch

sich veranschaulichen, welche Ziele Vorgesetzte mit einem solchen Gespräch verfolgen. Es sind fünf Zielbereiche möglich:

1. Sachinformation

Die sachliche Information über ein bestimmtes Geschehen, eine Arbeitsanforderung oder eine Rückmeldung zur Arbeitsleistung ist das zentrale Anliegen eines Mitarbeitergesprächs. Ihnen soll durch Sachaufklärung beispielsweise vermittelt werden,

→ welche Entscheidungen der Chef bezüglich Ihrer weiteren Aufgaben getroffen hat,

→ inwieweit Schwierigkeiten den Arbeitsablauf beeinflussen,

→ welche konkreten Nachfragen der Chef zu Ihrer Arbeit hat,

→ wie der Chef Ihre Arbeit bewertet,

→ welche Weiterbildungsmöglichkeiten Ihnen offen stehen,

→ wie es um die Auftragslage bestellt ist,

→ welche Umstrukturierung die Führungsebene plant und

→ welches Verhalten der Vorgesetzte nicht länger dulden möchte.

Doch auch Sie tragen zur Sachinformation bei: So wie Ihr Chef Sie als Mitarbeiterin wertschätzt und lobt, schildern Sie im Gespräch Ihre Sicht auf die Arbeitsabläufe. So könnten Sie insbesondere das höhere Arbeitsaufkommen derjenigen Mitarbeiter, die bessere Leistungen bringen, und die verworrene Entlohnungsstruktur beschäftigen. Sie reihen im Gespräch konkrete Fakten aneinander und versuchen, Ihren Chef auf diese Weise von Ihrer Argumentation zu überzeugen. Gleich-

Schildern Sie im Gespräch sachlich Ihre Sicht der Arbeitsabläufe.

zeitig warnen Sie ihn (ohne zu drohen) vor eventuell aufkommendem Missmut, wenn sich niemand des Problems annimmt.

Ein Mitarbeitergespräch dient also nicht einfach dem Weiterreichen von Anweisungen, Beschlüssen und einsamen Entscheidungen. Vielmehr gehört es in der Zwischenzeit zum guten Ton moderner Managementpraktiken, durch die Informationen des Mitarbeiters ein umfassendes Bild über das betriebliche Geschehen zu erlangen.

Schon deswegen ist die gute Vorbereitung auf eine solche Begegnung sehr wichtig für deren Gelingen. Im Abschnitt »Vorbereitung« erhalten Sie detaillierte Anleitungen.

2. Beziehungsklärung und -entwicklung

Von der ersten Begegnung mit dem Chef, in der Regel während des Bewerbungsgesprächs, bis zum letzten Arbeitstag ereignen sich ungezählte Szenen zwischen dem Vorgesetzten und den Mitarbeitern. Nach und nach formt sich aus der Fülle der Ereignisse eine Beziehung. Wie auch außerhalb des Arbeitslebens ergeben sich aus der Gestaltung dieser Beziehung vereinfachte Umgangsformen, wechselseitige Berechenbarkeit und Vertrauen: Sie wissen, nach anfänglicher Unsicherheit, vielleicht nach einer Hand voll Begegnungen, woran Sie mit Ihrem Chef oder Ihrer Chefin sind. Die wiederum wissen, was sie von Ihnen zu erwarten haben. Ihnen rutscht nicht mehr jedes Mal das Herz in die Hose, wenn Sie Ihre Vorgesetzten sehen. Die wiederum fragen sich nicht mehr immerzu, wie die Kollegin heißt, die ihnen seit mehreren Wochen im Haus über den Weg läuft ... Selbstverständlich entwickelt sich dieser Beziehungsalltag abhängig von der Größe der Organisation beziehungsweise der Abteilung. Wenn Sie Ihren Chef beinahe täglich sehen

und eine Sitzung die andere jagt, bietet auch dies Gelegenheiten, einander kennen zu lernen. Zusätzlich geben die Reaktionen des Chefs auf andere Mitarbeiter der Beziehung fast ebenso starke Impulse wie direkte Begegnungen.

Dennoch kennt Frau Michalik, aus dem oben erwähnten Beispiel, ihren Chef nicht gut genug. Sie erwartet nicht, er könne sie zur Abteilungschefin »Visuelle Kommunikation« machen. Während des Gesprächs mit ihrem Chef lernt Frau Michalik, dass es auch in einer routiniert verlaufenden Beziehung zu unverhofften, manchmal angenehmen Entwicklungen kommen kann.

Mitarbeitergespräche erfüllen die wichtige Funktion, die Entwicklung einer normalen und entspannten Beziehung zwischen beiden Seiten zu begleiten. Der Verlauf sollte in keinem Unternehmen nur sich selbst überlassen

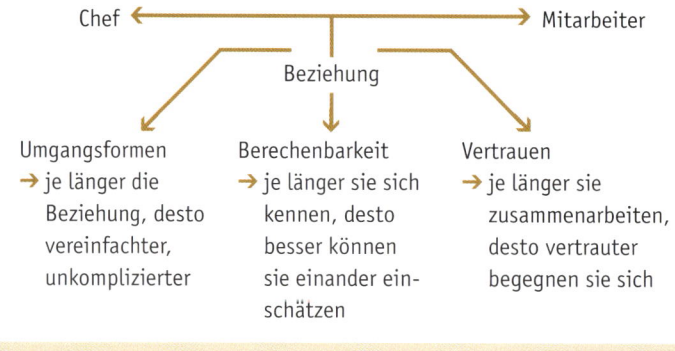

beziehungsgestaltung über die zeit

Chef ←——————————→ Mitarbeiter

Beziehung

Umgangsformen
→ je länger die Beziehung, desto vereinfachter, unkomplizierter

Berechenbarkeit
→ je länger sie sich kennen, desto besser können sie einander einschätzen

Vertrauen
→ je länger sie zusammenarbeiten, desto vertrauter begegnen sie sich

bleiben. Vielmehr braucht die Organisation den Raum und das zeitliche Gefüge, diese Beziehungsaspekte zu thematisieren. Sie beginnen Ihre Beschäftigung in einem Unternehmen und lernen zunächst einmal die unmittelbaren Kollegen und den Vorgesetzten kennen. Zudem erfahren Sie mehr über Ihre Aufgaben. Sie werden zum Einführungsgespräch gebeten, und inhaltliche Fragen zu Ihrer Anstellung werden geklärt (siehe Kapitel »Kommunikation«). Sie haben die erste Chance, sich mit dem Kommunikations- und Führungsstil des Chefs vertraut zu machen. Der Chef gewinnt erste Einsichten darüber, ob Sie aufgeregt, gelassen, sicher oder unsicher Ihre Arbeit antreten. Ein Mensch mit guten Führungsqualitäten leitet daraus Maßnahmen ab, um Sie bei der Integration an Ihrer neuen Wirkungsstätte zu unterstützen.

Nach ein paar Monaten, wenn Sie sich schon mit einiger Routine begegnen, rückt die Frage der Beziehung dennoch wieder in den Mittelpunkt. Sie möchten sich weiterbilden, Sie möchten Ihr Anforderungsprofil verändern, Sie müssen einen Konflikt lösen. Es hängt von der Beziehung zueinander ab, wie gut Sie dabei abschneiden. Stimmt die Chemie, entwickeln sich die Dinge vielleicht reibungslos. Gestalten sich die Treffen mit dem Chef eher quälerisch und unangenehm, erwachsen daraus langfristig gravierende Hürden, beruflich und persönlich.

3. Feedback- und Zielsetzung

Untrennbar an den Arbeitsprozess gekoppelt sind Rückmeldungen. Sie dienen wesentlich der langfristigen Sicherung der Arbeitsleistung. Darüber hinaus lösen sie Lernprozesse

checkliste

Fragen zur Beziehungsentwicklung

Beantworten Sie die folgenden Fragen eher eindeutig mit Ja, dann beruht Ihre Beziehung auf einer intakten Basis. Müssen Sie die Fragen eher mit Nein beantworten, bedarf Ihre Beziehung zum Chef einer Klärung.

- ✔ Nimmt sich Ihr Vorgesetzter die Zeit, mit Ihnen zu reden?
- ✔ Zeigt er Interesse an Ihrem beruflichen Fortkommen?
- ✔ Kommt es auch zu Gesprächen, wenn kein drängendes Problem anliegt?
- ✔ Fällt es Ihrem Chef leicht, mit Ihnen ein Wort zu wechseln?
- ✔ Können Sie Ihrem Chef unbefangen gegenübertreten?

aus und vermitteln Informationen. Wenn das Feedback in entsprechend konstruktiver Form gegeben wird, bleiben Sie als Mitarbeiter motiviert und eingebunden. Dabei kann die Rückmeldung schon in der Aufgabe enthalten sein, wenn beispielsweise eine bestimmte Umsatzhöhe erreicht wird. Hinzu kommen informelle Rückmeldungen durch Kollegen und Vorgesetzte innerhalb des täglichen Arbeitsprozesses.

Damit Ihr Chef Ihnen über das tägliche operative Geschäft hinaus rückmelden kann, wie er Ihre Leistung beurteilt, bedient er sich ebenfalls eines Mitarbeitergesprächs. Feedback-, Zielver-

tipps

Beziehungspflege

✔ Seien Sie korrekt und höflich, auch wenn der Chef mürrisch reagiert.

✔ Versuchen Sie immer, in Kontakt zu bleiben.

✔ Lassen Sie Probleme nicht anstauen.

✔ Treten Sie offensiv für sich ein.

✔ Wenn Sie Ihren Chef treffen, sollten Sie immer wissen, was Sie wollen.

einbarungs- und Jahresgespräche werden von ihm genutzt, mit Ihnen zu besprechen, welche langfristigen Beobachtungen zu Arbeit, Leistung und Verhalten er verzeichnet hat. Cora Michaliks Vorgesetztem fällt es nicht schwer, ihr zurückzumelden, wie gut er ihre Arbeit findet. Sie leistet sogar so gute Arbeit, dass er sie mit einem lachenden und einem weinenden Auge für die Beförderung vorsieht: Als Abteilungsleiterin warten viele administrative Aufgaben auf Frau Michalik. Zum Bedauern ihres Chefs reduziert sich damit die Zeit, in der sie als Grafikerin hervorragende Zeichnungen fertigt.

Um im Arbeitsgeschehen hilfreich zu sein, bedarf die Rückmeldung einiger sozialer Fähigkeiten, die der Feedback-Geber beherzigen sollte. Nicht nur eine gute Beobachtungsgabe, auch eine gewisse sprachliche Versiertheit und Einfühlungsvermögen sind notwendig, um konstruktive Rückmeldungen geben zu können. Lob und Kritik gehören in

die Kategorie der offenen und direkten Rückmeldungen. Indirekte Kommunikation wie Schweigen, Murmeln oder eine Geste sind weniger gut als Rückmeldung geeignet, da die Signale nicht eindeutig sind und interpretative Anstrengungen erfordern.

Neben den bereits genannten Funktionen erfüllt das Feedback weitere Aufgaben.

feedback

Die Rückmeldung ...

✔ teilt den Grad an Zufriedenheit oder Unzufriedenheit mit,

✔ informiert über die Auswirkungen geleisteter Arbeit,

✔ offenbart Ihren momentanen Stand innerhalb des Unternehmens,

✔ kennzeichnet das Verhältnis zwischen Ihnen und Ihrem Chef,

✔ verdeutlicht Erwartungen der Vorgesetzten,

✔ signalisiert Interesse an der Arbeit,

✔ fördert die Entwicklung,

✔ signalisiert Schwierigkeiten, die zu lösen sind,

✔ bindet Sie an das Unternehmen.

Gibt es in Ihrem Unternehmen Gespräche über zu erreichende Ziele, nimmt das Feedback während der Sitzung sicherlich breiten Raum ein. Dabei erfahren Sie, inwieweit Sie die Ziele erreicht haben und welche weiteren Aspekte in Ihrem Verhalten positiv oder negativ aufgefallen sind. Als Empfänger der Rückmeldung sehen Sie sich anschließend herausgefordert, dies mit der eigenen Sicht der Dinge in Übereinstimmung zu bringen. Je nach Ergebnis gibt der Vorgesetzte eine eigene Einschätzung ab und schildert Ihnen seine Perspektive.

4. Leistungs- und Potenzialbeurteilung

Vielfältig sind auch die Gründe für ein Chefgespräch, in dem Sie beurteilt werden: Ihr unmittelbarer Vorgesetzter verlässt seinen Posten, Ihre Probezeit läuft ab, Sie werden in eine andere Abteilung versetzt, oder Ihre Aufgabenstruktur ändert sich wesentlich.
In einem solchen Beurteilungsgespräch schätzen sowohl Ihr Vorgesetzter als auch Sie selbst ein, wie Sie Ihre Arbeit und Ihre weitere Entwicklung beurteilen. Je nach betrieblicher Praxis verwenden die beurteilenden Chefs verschiedene Methoden: Beurteilungen werden erstellt mit standardisierten Leistungsmaßen und Punktwerten, auf deren Basis alle Mitarbeiter und Mitarbeiterinnen bewertet werden. Die Unterstützung durch Tests gewährleistet in Großunternehmen, dass die Beschäftigten nach einheitlichen Kriterien erfahren, in welchen Bereichen der Chef sie gut oder als verbesserungsbedürftig beurteilt.
Da diese Art der Messung eine objektive Art der Beurteilung jedoch nur vorgaukelt, fin-

aktiv werden

Fremdeinschätzung – Beurteilung

Um zu testen, wie Sie von anderen eingeschätzt werden, fragen Sie eine Kollegin oder einen Kollegen Ihres Vertrauens

- ✔ wie sie oder er Ihre Arbeit einschätzt,
- ✔ für wie kollegial Sie gehalten werden,
- ✔ welche Stellung Ihnen im Team zugeschrieben wird,
- ✔ was Sie an Ihrem Verhalten verbessern könnten,
- ✔ was ihr oder ihm an Ihnen besonders gut gefällt,
- ✔ was ihr oder ihm an Ihnen besonders missfällt.

den immer mehr offene, frei strukturierte Verfahren Eingang in die Beurteilungssituation. Näheres dazu erfahren Sie im entsprechenden Abschnitt des Kapitels »Feedbackgespräche«.
Das Beurteilungsverfahren, mit dem sich Cora Michalik konfrontiert sieht, gestaltet sich kurz und bündig. Der Chef lobt ihre Einsatzfreude, ihre Kreativität, ihre stimmigen Entwürfe, ihr klares Bestreben, ihr Können immer weiter zu verbessern. Und er bietet ihr den Job der Teamchefin an. Damit zeigt er, dass er ihr zutraut, diesen Job gut zu machen. Das Ange-

bot gibt ihr auch zu verstehen, dass er glaubt, Frau Michalik sei in der Lage, weit mehr Verantwortung zu übernehmen als bisher. Dieses implizite Urteilen ist häufig auch der Gegenstand von Feedback. Darüber hinaus erkennen Sie an den Ihnen abverlangten Aufgaben, was Ihnen Ihr Vorgesetzter zutraut und was nicht. In der Organisation erkennen Sie das indirekte Beurteilen daran, für welche neuen Aufgaben der Chef welchen Mitarbeiter auswählt. Selbstverständlich liefert der Chef damit kein objektives Bild Ihres Leistungsvermögens.

Womöglich vermag Ihr Chef nicht zu delegieren – und erledigt die wichtigen Jobs gleich selbst. Eventuell sieht eine Führungskraft sich in ihrer Stellung bedroht, wenn Mitarbeiter Leistungen erbringen, bei denen die Führung nicht mithalten kann.

Ziel der Potenzialeinschätzung kann es auch sein, herauszufinden, warum Sie eine erwartete Leistung nicht bringen. Das Gespräch dient dann der Klärung der Frage, inwieweit es an Ihren Fähigkeiten und Fertigkeiten, den betrieblichen Rahmenbedingungen oder bei-

| *Die Vorbereitung: Welche Ziele wurden erreicht, welche nicht? Warum nicht?*

dem liegt, wenn Sie unter Ihren Möglichkeiten bleiben. Auch familiäre und/oder körperliche Belastungen sowie Fehlzeiten können dazu führen, dass Sie innerhalb der Firma nicht jene Leistung erbringen, die Sie im beurteilten Zeitraum zu erbringen hofften. Zusammengefasst helfen Beurteilungsgespräche dabei,

→ die Ziele hinsichtlich der Vereinbarungen innerhalb des Beurteilungszeitraums zu überprüfen,

→ Anerkennung für erreichte Ziele zu erhalten,

→ die Ursachen für Abweichungen zu analysieren,

→ die Stärken des Mitarbeiters hervorzuheben,

→ den Entwicklungsbedarf zu benennen,

→ die Ziele für die nächste Zeitspanne zu vereinbaren.

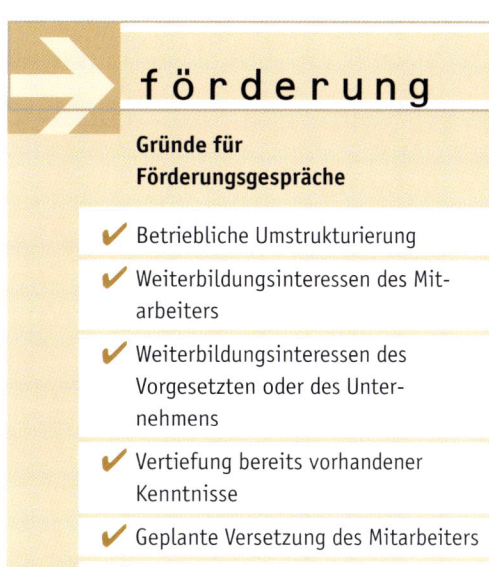

förderung

Gründe für Förderungsgespräche

✔ Betriebliche Umstrukturierung

✔ Weiterbildungsinteressen des Mitarbeiters

✔ Weiterbildungsinteressen des Vorgesetzten oder des Unternehmens

✔ Vertiefung bereits vorhandener Kenntnisse

✔ Geplante Versetzung des Mitarbeiters

✔ Beförderung des Mitarbeiters

Welche Funktion das Beurteilungsgespräch in Ihrem konkreten Fall auch hat, gemäß Arbeitsrecht ist Ihr Chef verpflichtet, in regelmäßigen Abständen solche Treffen mit Ihnen durchzuführen.

5. Förderung der beruflichen Entwicklung

Aus dem vorher Beschriebenen resultiert nahe liegend ein Gespräch über gezielte Förder- und Weiterbildungsmaßnahmen. Einerseits gehört die berufliche Weiterbildung zu den selbstverständlichen Bestandteilen tariflicher Vereinbarungen. Andererseits besteht in sich rasch verändernden Arbeitsumgebungen ein hoher Förderungsbedarf. Gerade die Einführung von EDV-Systemen hat eine große

Nachfrage nach inner- und außerbetrieblicher Weiterbildung geschaffen. Förderung bleibt dabei nicht auf Beförderung beschränkt, auch wenn dieser Gedanke vielleicht als erstes bei dem Thema »berufliche Entwicklung« aufkommt.

In einem Förderungsgespräch, das jede Seite auch unabhängig von Beurteilungen und Leistungsrückmeldungen anregen kann, besprechen Chef und Mitarbeiter beispielsweise ein mögliches Delegieren von Aufgaben in Form einer inhaltlichen Anreicherung. Durch zunehmende Erfahrung, routiniertes und effizientes Erledigen der Aufgaben könnte sich der Mitarbeiter auf Dauer unterfordert fühlen. In einem solchen Fall stellt eine Führungskraft vielleicht neue Herausforderungen in Aussicht, macht ein Förderungsangebot und wirkt somit dem Abfallen der Motivation entgegen. Den Aufgabenzuschnitt zu verändern und parallel dazu eine Schulung anzubieten, kann für zusätzliche Motivation sorgen, wenn der Mitarbeiter danach auch zusätzliche Entlohnung erwarten darf.

Andere Varianten der Förderung sind Team- und Projektarbeit, Vertretungsübernahmen oder auch die Kooperation mit anderen Unternehmen. Diese Form der Förderung findet insbesondere in der IT-Branche einigen Anklang. Dort ist der Schulungsbedarf aufgrund neuer Technologien, verschiedener Programmiersprachen und sich ständig verändernder Softwarepakete besonders hoch. In Förderungskooperationen ermöglicht ein Unternehmen einem Angestellten des Kooperationspartners, direkt im eigenen Hause das Spezialwissen zu vertiefen.

Die Vorbereitung

Verabreden sich zwei Menschen zu einem Gespräch, hegen beide, bewusst oder unbewusst, bestimmte Erwartungen.

Man spürt Signale innerer Vorbereitung auf ein Gespräch: unruhiger Schlaf, das Gefühl, in eine Prüfungssituation zu kommen, und ein flaues Gefühl in der Magengegend. Manchmal werden Erinnerungen an ähnliche Momente wach, in denen Sie entweder diesem Chef oder einem anderem, einem Lehrer oder auch einem Ordnungsbeamten begegnet sind.

All den Begegnungen mit Menschen in diesen Rollen ist gemeinsam, dass es sich um hierar-

aktiv werden

Legen Sie sich entspannt auf ein Sofa. Schließen Sie die Augen. Gehen Sie gedanklich zurück zu den letzten Gesprächen mit Ihrem Chef. Was waren die Anlässe? Wie war die Atmosphäre? Haben Sie Ihre Ziele erreicht? Hat Ihr Chef seine Ziele erreicht? Welche Gefühle stellten sich ein? Was möchten Sie beim nächsten Mal anders machen? Was darf unter keinen Umständen erneut passieren?

Wenn Sie sich erneut in die erlebten Stimmungen versetzen, können Sie diese für die aktuelle Vorbereitung nutzen. Sie können den eigenen Fallen auf die Spur kommen und in der Vorbereitung nach alternativen Wegen suchen. Auf diese Weise erinnern Sie sich auch an gelungene Begegnungen und ziehen daraus die Kraft für die Zukunft.

chische Gefälle handelt. Auch wenn Sie in einer Organisation mit abgeflachten Hierarchien arbeiten, begegnen Sie Ihrem Vorgesetzten in diesen Momenten nicht als gleichberechtigter Partner. Vielmehr stehen sich beide

Seiten in einem Machtverhältnis gegenüber. Ihr Chef ist Ihr Vorgesetzter. Er darf Ihnen Anweisungen erteilen, Sie müssen sie (meistens) ausführen. Eine Umkehrung dieses Verhältnisses ist nicht möglich.

Das wirkt sich unmittelbar auf die Gesprächssituation aus, genauso wie es Ihre Vorbereitung auf das Gespräch beeinflusst. Je nachdem, wie klar umrissen das geplante Gesprächsthema ist, machen Sie sich darüber Gedanken, was Sie wohl zu erwarten haben. Sie versuchen aus der Kenntnis des Chefs abzuleiten, wie er Sie bei diesem Thema behandelt. Ansonsten hoffen Sie einfach das Beste.

Doch das ist nur eine, eher unkonkrete Seite, sich auf das bevorstehende Treffen vorzuberei-ten. So sehr Sie die emotional-aufwühlenden Aspekte beschäftigen, sehr viel erfolgreicher wird das Gespräch verlaufen, wenn Sie sich überlegen, was Sie wollen – konkret, handlungsorientiert, überprüfbar. Auf den folgenden Seiten werden Sie einige entscheidende Ratschläge finden, die Sie bei Ihrer Vorbereitung unterstützen.

Welche Ziele verfolgen Sie im Gespräch?

Cora Michalik macht sich sehr konkrete Gedanken darüber, was sie von ihrem Chef will. Sie weiß zwischen vagen Wunschvorstellungen und pragmatischen Gesprächszielen zu unterscheiden. Beides ergänzt sich für Frau

wünsche und ziele

Vage Wünsche	Konkrete Ziele
Sie hoffen,	Sie rechnen damit,
✔ dass es der Chef hoffentlich gut mit Ihnen meint,	✔ vom Chef zu hören, was er zur Arbeitsverteilung sagt,
✔ dass Sie gut dastehen, eine gute Figur machen,	✔ ihm zu sagen, dass Sie sich durchaus vorstellen können, mehr Verantwortung zu übernehmen,
✔ dass er erwähnt, wie engagiert Sie in der Firma arbeiten,	✔ eine Rückmeldung zu Ihrer Arbeit für den letzten Kunden zu bekommen,
✔ dass es Ihnen nicht die Sprache verschlägt,	✔ über eine Gehaltserhöhung zu verhandeln.
✔ fair beurteilt zu werden.	

Michalik miteinander, denn das Tagträumen gehört für sie als weiches Kriterium ebenso in die Vorbereitung wie die auf klares Handeln orientierten, konkreten Ziele. Tagträumen bereichert in dieser Situation ihre innere Haltung. Weil sie bestimmte Reaktionen des Chefs erwartet, die ihr angenehm sind, wird sie sich so verhalten, dass der Chef sich diese Reaktionen auch entlocken lässt. Die Kraft des Tagtraums wirkt auf die Gesprächssituation nicht weniger anspornend als mögliches Konkretdenken.

Der wesentliche Unterschied zwischen beiden liegt aber auf der Hand: Vage Wünsche lassen sich nicht überprüfen, konkrete Ziele schon. Vage Wünsche eignen sich leider hervorragend, subjektiv als erreicht oder nicht erreicht eingeschätzt zu werden. Doch weil sie keiner objektiven, äußeren Prüfung unterzogen werden können, lassen sie sich innerlich jederzeit

neu bewerten, um sie für das eigene Erleben passend zu machen.

Klare Ziele hingegen erleichtern die Erfolgskontrolle, weil sie am Ende abgehakt werden können – ohne dem Bedürfnis zu erliegen, die Dinge zu beschönigen. Konkrete Gesprächsziele tragen darüber hinaus einen weiteren Vorteil in sich: Mitarbeiter, die ein Gespräch mit dem Chef erwarten, bewahren sich durch eigene Ziele die unabhängige Sichtweise auf das, was bevorsteht. Eigene Ziele wenden den Blick ab vom Chef, seinen Launen und seinen Eigenheiten. Sie geben innere Orientierung und äußere Haltung. Damit entscheidet nicht mehr nur das oben angesprochene hierarchische Verhältnis, ob die Begegnung gelingt. Gerade Frauen mangelt es im beruflichen Alltag nicht selten an Selbstvertrauen und Handlungsplänen. Frauen treten leiser auf, stellen leicht »ihr Licht unter den Scheffel«. Sie hoffen

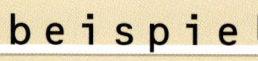

beispiel

Stärken-Schwächen-Analyse von Cora Michalik

→ **Stärken**

Ich kann besonders gut – Projekte organisieren, planen, entwerfen, meiner Kreativität freien Lauf lassen, einen Konflikt entschärfen, energisch bei der Sache sein, meine Ablage organisieren, nicht locker lassen.

→ **Schwächen**

Ich tue mich schwer mit manchen Kollegen, mit manchen Routinearbeiten, mit Kritik, damit, die Planungen einzuhalten, Aufgaben zu delegieren, abzuschalten.

eher, dass ihre (verborgenen) Qualitäten vom Gegenüber erkannt werden. Zu einer guten Vorbereitung zählt jedoch, sich der vorhandenen Stärken bewusst zu werden, um dann zu versuchen, sie nach außen zu vertreten. Eher leise Töne bergen die Gefahr, überhört zu werden. Fallen Sie ebenfalls diesem Muster anheim (und auch Männer sind nicht frei davon), droht Ihnen, übersehen zu werden, wenn interessante Projekte zu vergeben sind oder eine Gehaltserhöhung Ihr verdienter Lohn wäre. Scheuen Sie sich deswegen nicht, Ihre Ziele offen zu benennen und in Verhandlungen nachdrücklich aufzutreten. Machen Sie auf sich aufmerksam. Stellen Sie Forderungen. Übernehmen Sie Verantwortung für das eigene Fortkommen. Eine Stärken-Schwächen-Analyse (siehe Kasten) verschafft Ihnen vor dem Chefgespräch den Überblick, in welchen Bereichen Sie sich selbst für gut halten und wo Sie Defizite sehen. Versuchen Sie, auf ähnliche Weise zwei Listen zu erstellen, die Ihnen helfen, sich besser einschätzen zu lernen. Achten Sie darauf, dass eine Stärke wie beispielsweise »nicht locker lassen« gleichzeitig eine Schwäche ist, wenn Sie dadurch »nicht abschalten« können. Eine solche gezielte Abfrage der eigenen Fähigkeiten und Fertigkeiten sowie der vorhandenen Unzulänglichkeiten unterstützt Sie maßgeblich, sich selbst erfolgreich zu vertreten. So können Sie Lob verkraften und Kritik verschmerzen.

Ein Handlungsplan

So wichtig Zielentwürfe sind, damit Sie sich orientieren können, wohin die Gesprächsreise geht, so wenig reichen sie aus, den Weg dorthin zu finden. Wie üblich führen auch in dieser Situation viele Wege zum Ziel. Als Wegbeschreibung entwerfen Sie sich deswegen im nächsten Schritt einen detaillierten Handlungsplan, der Sie authentisch und situationsgerecht auftreten lässt.

Der Schweizer Schriftsteller Max Frisch hat einmal sinngemäß geschrieben, dem Gegenüber solle die Wahrheit wie ein Mantel gereicht, nicht wie ein nasser Lappen ins

checkliste

Faktoren, die die Vorgehensweise beeinflussen

✔ Betriebsklima: Wie ist der Umgang miteinander?

✔ Cheftyp: Wie tritt der Vorgesetzte den Mitarbeitern gegenüber auf?

✔ Ihre Beziehung zu Ihrem Vorgesetzten: Wie gut kommen Sie miteinander klar?

✔ Ihr Kommunikationsstil: Wie verhalten Sie sich in Gesprächssituationen?

✔ Gesprächsatmosphäre: Unter welchen Bedingungen findet das Gespräch statt?

✔ Handlungsmaximen: diplomatisch, strategisch, konzentriert, widerspruchsfrei, beharrlich, konsequent, fantasievoll, kreativ, angstfrei

handlungsplan erstellen

- ✔ Stellen Sie sich die Gesprächsatmosphäre vor.

- ✔ Überlegen Sie sich Möglichkeiten, Ihr Befinden zu optimieren.

- ✔ Legen Sie fest, über wie viel Zeit Sie im Gespräch verfügen.

- ✔ Schreiben Sie ganz allgemein die Themen auf, die Sie besprechen wollen.

- ✔ Fertigen Sie eine Zielhierarchie. Welches Ziel ist am wichtigsten, welches wären Sie unter Umständen bereit, preiszugeben?

- ✔ Überlegen Sie sich, welches Ziel Ihnen am leichtesten zu verwirklichen scheint, welches am schwersten.

- ✔ Nehmen Sie in Kenntnis Ihres Chef einen Dialog vorweg. Wie reagiert Ihr Chef, wenn Sie dieses oder jenes Thema ansprechen?

- ✔ Wenn Sie ein Thema anschneiden müssen, von dem sie wissen, dass Ihr Chef darauf nicht gut zu sprechen ist: Überlegen Sie sich einen völlig neuen Einstieg, einen neuen Aspekt, eine interessante Wendung, mit der Sie die Aufmerksamkeit Ihres Chefs fesseln können.

- ✔ Entscheiden Sie, welche Themen Sie in welcher Reihenfolge abhandeln wollen.

Gesicht geworfen werden. So verhalten Sie sich geschickterweise auch Ihrem Chef gegenüber. Seien Sie diplomatisch, ohne auszuweichen. Halten Sie Kurs, auch wenn Sie eine gerunzelte Stirn vom Weg abzubringen droht. Erreichen Sie Ihre Gesprächsziele in kleinen Schritten.

Niemand, der den Chef um eine Gehaltserhöhung bittet, kommt auf die Idee, in einem Satz mit der Tür ins Haus zu fallen: »Ich will ab dem nächsten Ersten mehr Geld!« Ohne es zu merken, verwirklichen wir bei jedem Gespräch einen Handlungsplan, mit dem wir versuchen, unsere Ziele zu erreichen. Wir wissen, dass wir so handeln, aber wir sind es nicht gewohnt, uns die Abläufe einer solchen Situation vorab bewusst zu machen. Ein Handlungsplan ist nichts anderes als das, was wir in einem Gespräch sowieso tun, nur dass wir uns vorher darüber klar werden. Diese vorweg genommene Klarheit birgt einen großen Vorteil: Sie können sich Alternativen überlegen für jene Momente, die nicht so laufen, wie Sie erwarten.

Für die Situation mit Ihrem Chef bedeutet diese Vorwegnahme, dass Sie sich als Erstes die zu erwartende Atmosphäre vergegenwärtigen. Die Umgebung, in der Sie Ihren Handlungsplan verwirklichen, ist wesentlich. Je nach Chef variiert der Rahmen des Gesprächs. Setzt Ihr Vorgesetzter auf Einschüchterung und möchte sich von Ihnen abschotten, wird er die Panzerung seines breiten Schreibtisches nicht aufgeben. Ein anderer Chef wählt vielleicht die auflockernde Anordnung des Couchtisches, an dem er seiner Angestellten offen gegenübertritt. Wie nähert sich Ihr Chef den Mitarbeitern?

in teilschritten zum ziel

Ziel	Vom Chef erfahren, wie er die Arbeitsverteilung bewertet.
Weg zum Ziel	✔ Lob der Arbeitsatmosphäre.
	✔ Sie berichten, dass Sie sich gut zurechtfinden.
	✔ Sie machen klar, wie viel Erfahrung Sie gewonnen haben.
	✔ Sie erinnern daran, dass die Kunden sehr zufrieden sind.
	✔ Sie offenbaren, dass es dennoch ein Problem gibt, das gelöst werden müsse ...
	✔ Dann sprechen Sie über die Ihrer Meinung nach ungerechte Verteilung der Arbeit.

Im nächsten Teil Ihres Handlungsentwurfs bewerten Sie die Ziele. Stufen Sie die Wichtigkeit ein. Bewerten Sie, welche sich schwer, welche sich leicht verwirklichen lassen. Entscheiden Sie sich, mit welchem Thema Sie beginnen möchten. Wenn Sie für jeden Bereich einen Handlungsentwurf haben, sind Sie später auf jede Situation vorbereitet und können flexibel reagieren, wenn das Gespräch eine unerwartete Wendung nimmt. Allerdings ist ein Aufbau, wie er oben im Kasten zu sehen ist, idealerweise vorzuziehen. Hier schließen die einzelnen Themenblöcke aneinander an, und der Handlungsplan hat eine entsprechend logische innere Struktur.

Vermeiden Sie auf jeden Fall, zwischen den Themen zu springen. Das sorgt bei Ihnen und Ihrem Gesprächspartner für Verwirrung, und Sie verlieren Ihren Handlungsfaden.

Im nächsten Schritt entscheiden Sie sich, wie Sie das ausgewählte Ziel erreichen wollen, ohne mit der Tür ins Haus zu fallen. Bereiten Sie wie im folgenden Beispiel eine Argumentationskette vor. Überlegen Sie sich eine Abfolge der Gedanken, die einerseits zum Ziel führen, andererseits bereits Gründe liefern, warum Sie das folgende Ziel anstreben.

Nachdem Sie für alle Teilziele einen solchen Plan erarbeitet haben, bringen Sie diese in eine Ordnung. Überlegen Sie, an welchen Stellen sich die Übergänge zwischen Ihren Argumentationen befinden. Finden Sie heraus, welche innere Struktur Ihr Plan nunmehr hat, nachdem Sie sich so intensiv mit den einzelnen Elementen beschäftigt haben. Verknüpfen Sie nun die Elemente in ähnlicher Weise, wie im Beispiel gezeigt. Mit diesem ausgetüftelten

Weg zum Ziel und der neuen Zielhierarchie im Rücken haben Sie im Gesprächsverlauf kaum noch etwas zu befürchten – außer der eigenen Unruhe.

Die innere Haltung

Besorgtheit und Aufregung vor einem Termin mit dem Chef gehören zum betrieblichen Alltag wie das Lampenfieber auf der Theaterbühne. Wir machen uns Sorgen über eventuelle negative Auswirkungen des Gesprächs (wegen zu schwacher Selbstdarstellung, wegen der Kritik des Vorgesetzten). Aufgeregtheit ist die körperliche Entsprechung: Unser Herzschlag erhöht sich beim Gedanken an das

Bevorstehende, wir beginnen zu schwitzen, wir atmen schwerer, die Stimme ist belegt, der Mund trocknet aus.

Diese körperlichen Reaktionen rühren einerseits aus innerer Unsicherheit und andererseits aus dem ungleichen Machtgefüge zwischen Vorgesetzten und Mitarbeitern. Selbst Kollegen, die sich nach außen hin verhalten, als könne ihnen das übliche Routinegespräch nichts anhaben, verspüren regelmäßig eine höhere Herzfrequenz, wenn sie im Chefzimmer ankommen. Die gute Seite an der körperlichen Anspannung ist, dass sie sich positiv auf das bevorstehende Gespräch auswirkt: Wie auch Bühnenerfahrene wissen, verbessert

⇒ übersicht

Verdeutlichen Sie sich noch einmal die folgenden Punkte

✔ Gute Vorbereitung verbessert Ihren Auftritt – orientieren Sie sich an den eigenen Zielen.

✔ Überlegen Sie sich gute Argumente, die Ihre Ansicht stützen.

✔ Stellen Sie sich die möglichen Einwände des Chefs vor – entkräften Sie diese durch weitere Argumente. (Die Vorwegnahme der Begegnung macht mit der zukünftigen Situation vertraut.)

✔ Erinnern Sie sich an Gespräche in Ihrer Karriere, die erfolgreich verlaufen sind. Nehmen Sie sich selbst zum Vorbild. Freuen Sie sich über bereits bewältigte Anstrengungen.

✔ Verwandeln Sie die körperliche Anspannung in einen Vorteil. Leicht erhöhte Blutzufuhr in Hirn und Muskeln sowie der Adrenalinschub erhöhen die Leistung.

✔ Bewerten Sie die Meinung Ihres Chefs nicht über. Er ist zwar der Chef, aber eben auch nur der Chef, nicht Ihre Schicksalsgestalt (auch wenn Chefs manchmal dazu neigen, sich diese Rolle anzumaßen).

tipp

**Sind Sie vor dem Gespräch auf-
geregt, stellen Sie sich eine
positive Begrüßung vor:**
»Wenn ich das Zimmer meines
Chefs betrete, erhellt ein
unverkrampftes Lächeln sein
Gesicht. Er verlässt seinen
breiten Schreibtisch und
nimmt mit mir am kleinen
Couchtisch Platz ...«

wohl dosiertes Lampenfieber die Leistung.
Diesen Effekt können Sie auch im Gespräch
mit Ihrem Chef nutzen, wenn Sie alle wichtigen Aspekte der Vorbereitung berücksichtigt
haben. Nur wenn Sie schlecht vorbereitet sind,
kann die innere Fieberkurve dazu führen, dass
Sie im Gespräch scheitern.

Zur inneren Haltung gehört auch, dass Sie sich
in der Situation nicht kleiner machen als Sie
sind. Zwar mögen Sie vom Wohlwollen Ihres
Chefs abhängig sein. Doch eine Führungskraft
ohne Mitarbeiter ist keine Führungskraft. Ein
Chef lebt nur als Chef, wenn andere Menschen
an seiner Seite Ihn zum Chef machen, in guten
wie in schlechten Zeiten. Zwar bleibt das hierarchische Verhältnis unmößlich, aber Ihre
Einflussmöglichkeiten auf den Chef sollten Sie
schon allein deswegen nicht gering achten, da
er letztlich auf Sie, Ihre Ideen und Ihre Leistung angewiesen ist.

Während der Sitzung

Nachdem Sie sich nun ausführlich auf das Treffen mit Ihrem Chef vorbereitet haben, bedenken
Sie auch den formalen Aufbau einer solchen
Begegnung. Um nämlich der inneren Struktur
des Gesprächs und dem geplanten Vorgehen zu
genügen, sollten Sie sich am formalen Ablauf
einer solchen Sitzung orientieren. Sachbezogene
Gespräche im beruflichen Kontext folgen meist
einer klaren Struktur, die man in fünf verschie-
den lange Phasen gliedern kann.

Begrüßung – Warm Up

Sie begrüßen Ihren Vorgesetzten und werden
ebenfalls begrüßt. Um sofort einen guten
Kontakt herzustellen, ist es sicherlich ratsam,

tipps

Begrüßung

✔ Erinnern Sie sich zu Beginn an eine
gemeinsame, erfreuliche Situation. Das
hebt die Stimmung, entspannt die
Situation.

✔ Setzen Sie sich bequem auf den Stuhl,
der Ihnen angeboten wird – nicht
nur auf die Stuhlkante. Atmen Sie
durch.

✔ Vermeiden Sie hektische Bewegungen,
und blicken Sie Ihrem Chef ruhig in die
Augen.

Ein gut ausgearbeiteter Gesprächsleitfaden stärkt Ihre Position.

für einen Moment die Distanz aufzugeben. Ein, zwei Schritte in Richtung des Vorgesetzten und ein zum Händedruck ausgestreckter Arm bringen Sie beide für einen Moment näher zueinander. Ist Ihr Chef kommunikativ und mit guten Umgangsformen gesegnet, wird er Ihre angebotene Hand nicht ausschlagen. Ein dem Anlass, der Situation gemäßes Lächeln hilft zudem, eine freundliche Gesprächsatmosphare zu erzeugen. Natürlich können Sie Ihren Chef nicht zwingen, ebenfalls ein Lächeln aufzusetzen. Doch die eigene freundliche Haltung

bereitet zumindest den Boden – auch wenn die zu besprechenden Themen eventuell alles andere als angenehm sind.

Wenn Sie schon jetzt spüren, wie unwohl Sie sich im Gespräch fühlen, beginnen Sie bereits an dieser Stelle darüber nachzudenken, welche Mittel – außer der Flucht – Ihnen einfallen, Ihr subjektives Befinden zu bessern. Solange Sie sich unwohl fühlen, können Sie Ihre Ziele nicht erreichen.

Nutzen Sie die ersten Sekunden dazu, durch ein paar informelle Sätze die Gesprächssituation zu entspannen. Dabei können Sie sowohl auf innerbetriebliche Ereignisse, gerade veröffentlichte Planzahlen, die letzte gemeinsame Begegnung, aber auch das Wetter oder sonstige Dinge Bezug nehmen, die gerade gesellschaftlich »im Gespräch« sind.

Wenn es Ihnen gelingt, sich in dieser Phase anschlussfähig zu zeigen und eine gute Verbindung zu Ihrem Chef herzustellen, brauchen Sie sich auch vor schwierigen Besprechungsthemen nicht zu fürchten.

Inhaltliche Gliederung

Nachdem Sie sich beide gesetzt und eine bequeme Haltung eingenommen haben, besprechen Sie gemeinsam, worüber Sie sich verständigen möchten. Sie entwickeln zusammen eine kleine Tagesordnung für Ihr Gespräch und benennen die Punkte, die Sie

ansprechen wollen. Der Chef teilt Ihnen mit, welche Themen er anschneiden will. Sie teilen mit, welche Punkte Ihnen am Herzen liegen. Wenn Sie an dieser Stelle einen kleinen Zettel parat haben, auf dem Sie sich während der Vorbereitung die wichtigsten Bereiche notiert haben, zeigen Sie, wie wichtig Ihnen das Gespräch ist. Sie machen auch deutlich, dass Sie an der Gesprächskontrolle beteiligt sind. Und Sie signalisieren durch Ihre gute Vorbereitung, wie sehr Sie es schätzen, dass sich der Chef in seinem knappen Zeitbudget Zeit für Sie genommen hat.

Gedankenaustausch

Diese Phase wird von jenem eingeleitet, der um das Gespräch gebeten hat. Er bringt zuerst seine inhaltlichen Überlegungen zum Ausdruck. Bei Cora Michalik war es der Chef, der zum Termin bat. Also eröffnet er den Austausch von Gedanken. Er teilt seiner Angestellten mit, wie sehr er ihre Arbeit schätzt, wie gut ihre Leistung bei den Kunden ankommt. Cora Michalik fühlt sich durch die angenehme Behandlung verunsichert. Sie kennt ganz andere Geschichten von Gesprächen mit diesem Chef und sie befürchtet, er wolle sie weich betten, bevor er seine »wahren« Absichten offenbart. Im Laufe dieser längsten Gesprächsphase kommen beide Seiten in einem bestimmten Rhythmus zu Wort. Im Idealfall entwickelt sich ein echter Dialog, der vielleicht einige Momente lang das Machtgefälle zwischen den Beteiligten vergessen macht. Wie sich die konkrete Situation gestaltet, hängt von Führungsstil und Persönlichkeit Ihres Vorgesetzten und Ihrer eigenen Persönlichkeit sowie den jeweili-

! tipps

Gesprächsinhalt

✔ Vergegenwärtigen Sie sich Ihre Planung.

✔ Schätzen Sie die momentane Stimmung ein.

✔ Wägen Sie bereits jetzt ab, wie weit Sie gehen können. Bleiben Sie jederzeit flexibel.

tipps

Gedankenaustausch

✔ Hören Sie aufmerksam zu, und lassen Sie Ihr Gegenüber ausreden. Bestehen Sie allerdings ebenso darauf, Ihre eigene Argumentation zu Ende zu bringen.

✔ Lassen Sie sich nicht provozieren oder einschüchtern. Sie haben ein Recht auf eine faire Behandlung. Lassen Sie sich nicht Dinge entlocken, die Sie gar nicht sagen wollten.

✔ Gehen Sie keine faulen Kompromisse ein, wenn die Zeit knapp wird. Im schlimmsten Fall muss das Gespräch vertagt werden.

gessenen oder übersehenen Punkt zu ergänzen. Um Verwirrungen zu vermeiden, sollten diese Ergänzungen geschehen, bevor Beschlüsse gefasst werden.

Ihr Chef wird entscheiden, was als Nächstes zu tun ist. Sie werden ebenfalls mitteilen, was Sie Ihrerseits zu tun gedenken. Den Themen entsprechend legt der Chef die Arbeitsverteilung fest. Wenn das Gespräch Ihre berufliche Zukunft zum Inhalt hatte, wird es Ihnen möglich sein, um ein paar Tage Bedenkzeit zu bitten. Soll ein Konflikt aus der Welt geschafft werden, verständigen sich die Gesprächspartner auf eine gemeinsame Einschätzung der Situation.

In dieser Phase des Gesprächs sollte Ihre Wahrnehmung besonders geschärft sein, damit Ihr Gesprächspartner nicht Dinge zusammenfasst, die so gar nicht besprochen worden sind. Das gilt ebenso für die

gen Kommunikationsstilen ab (siehe Kapitel »Kommunikation«).

Räumt Ihnen der Chef genügend eigene Gesprächszeit ein, deutet das darauf hin, dass er an Ihren Gedanken und an Ihrer Meinung interessiert ist.

Zusammenfassung/Beschluss

Nachdem Sie sich gemeinsam auf die beschriebene Weise durch die einzelnen Themenblöcke bewegt haben, bringen Sie die Inhalte noch einmal auf den Punkt. Sie haken die Tagesordnung ab und ziehen gemeinsam eine Bilanz der vergangenen Minuten. Anschließend legen Sie fest, was aus dem Gespräch folgt. Während beide Seiten zusammentragen, was sie besprochen haben, besteht zudem noch die Möglichkeit, einen bisher ver-

tipps

Beschluss

✔ Vereinbaren Sie konkrete Termine, die sich überprüfen lassen.

✔ Achten Sie auf den Zusammenhang von besprochenen Inhalten und der Beschlusslage.

✔ Bestehen Sie auf Verbindlichkeil.

Gesprächsfolgen. Wenn Ihr Chef die eventuelle eigene Beteiligung an einem Projekt mit einem Kopfnicken quittiert, das am Ende aber unter den Tisch fallen lässt, so ist es Ihre Aufgabe, diese Beteiligung noch einmal explizit zu erwähnen, und den Vorgesetzten an seine Zusage zu binden.

Zum Beschluss gehört auch, Termine zu vereinbaren: einen weiteren Gesprächstermin, einen Termin, wann welche Entscheidung umgesetzt werden soll, eine Vereinbarung, wann Sie welche Ziele erreicht haben wollen. Scheuen Sie sich an dieser Stelle nicht, einen Stift zur Hand zu nehmen und wesentliche Punkte des Gesprächs aufzuschreiben.

Abschluss

Je nach Beschlusslage vereinbaren Sie entweder einen neuen Gesprächstermin oder verweisen auf eine andere Begegnung, die sowieso bevorsteht. Auch wenn es Ihnen seltsam vorkommt, gerade zum Abschluss ist es wichtig, sich anschlussfähig zu zeigen. Dazu zählt eine Gesprächsnotiz, die den Bogen von der Ausgangslage zum Beschluss spannt. Sie könnten zum Beispiel »froh sein, das schwierige Thema besprochen zu haben«. Auch wäre es möglich, sich zu freuen, »so eine tragfähige Arbeitsgrundlage geschaffen zu haben«. Anschlussfähig zu bleiben bedeutet aber auch, sich der langfristigen Verbindung zu versichern. Entweder Sie freuen sich auf das nächste Mal, wenn Sie sich begegnen. Oder Sie bringen die Hoffnung zum Ausdruck, dass sich alle Beschlüsse so umsetzen lassen wie soeben vereinbart.

Im Anschluss an die Zusammenfassung des Gesprächs ist ein Small Talk möglich.

Auf jeden Fall sollten Sie die entspanntere Stimmung am Ende nutzen, das eine oder andere persönliche Wort loszuwerden – ohne zu zerstören, was Sie in den Minuten vorher aufgebaut haben. Eben weil das Sachthema bewältigt ist, könnte sich auch Ihr Chef, wenn er nicht sofort wieder unter Zeitdruck steht, für einen Small Talk bereit zeigen. Ein Austausch auf diese Weise kann sehr effizient das wechselseitige Verständnis vergrößern. Plötzlich wissen Sie voneinander, dass Sie beide gern Ski fahren oder im Garten arbeiten, um zu entspannen.

Sodann beenden Sie die Begegnung. Sie verabschieden sich bis zum nächsten Mal – mit dem guten Gefühl, eine persönliche Note eingebracht zu haben.

Nach dem Gespräch ist vor dem Gespräch

Sowohl für Sie als auch für Ihren Chef ist die Nachbereitung von besonderer Bedeutung. Beide verlassen Sie die Gesprächssituation in einer bestimmten Gemütslage. Ihr Chef wird eventuell eine kleine Protokollnotiz für den eigenen Überblick anfertigen. Und Sie sehen entweder Ihre Erwartungen erfüllt, gerade so getroffen, oder Sie sind unzufrieden mit dem Verlauf der Unterredung.

Die nachträgliche Analyse des Geschehens macht sich vor allem deswegen bezahlt, weil Sie aus den eigenen Fehlern lernen und zukünftig Ihre Strategie verändern können. Jedes beendete Gespräch enthält somit im Kern bereits die Vorbereitung auf die nächste Begegnung. Dadurch lernen Sie sich selber besser kennen, und Sie nutzen Ihre eigene Erfahrung, erst recht, wenn Sie nicht an das Ziel gelangt sind.

Doch nicht nur die Fehleranalyse bringt Sie weiter. Auch Ihre Erfolgsmuster sollten Sie sich anschließend unbedingt bewusst machen. Diese lassen sich dann beim nächsten Mal

umso gezielter einsetzen. Werden Sie sich klar, auf welche Weise es Ihnen gelungen ist, das gesteckte Ziel zu erreichen. Lag es an Ihnen, an der guten Laune des Chefs oder an den entspannten Rahmenbedingungen? Seien Sie aber nicht zu bescheiden: Schreiben Sie sich die Zielerreichung auch selber zu. Zwar bestimmen immer mehrere Faktoren, wie gut Sie abschneiden, aber Ihr individueller Einfluss hält den größten Anteil, denn ohne Sie hätte das Gespräch gar nicht so erfolgreich stattfinden können.

Selbstverständlich macht sich auch Cora Michalik Gedanken über das Gespräch, das sie soeben hinter sich gebracht hat. Vieles hatte sie erwartet, aber dass es so rasant verlaufen würde, hatte sie doch nicht geahnt. Ihr Chef überrumpelte sie förmlich mit seiner Art: Zuerst lobte er sie, dann wollte er wissen, ob sie sich den Kollegen T. als Chef der Abteilung Visuelle Kommunikation vorstellen könne. Nach dem Ausflug aufs Glatteis diente er schließlich ihr die neue Stelle an.

Gerade so, als solle sie keine Chance haben, Gegenargumente zu finden, wollte er ihre sofortige Entscheidung. Er schaute ein wenig irritiert, als sie sich Bedenkzeit erbat. Nicht, dass er es nicht hätte nachvollziehen können, eine solche Entscheidung in Ruhe überdenken zu wollen. Aber in seiner Körpersprache las Frau Michalik eine gewisse Verärgerung, dass sie ihm nicht sofort um den Hals fiel und sich in den höchsten Tönen bedankte.

Denn Ihr Vorgesetzter war der Meinung, ihr den größten Gefallen zu tun, den ein Vorgesetzter einer guten Mitarbeiterin tun kann: sie zu befördern. Dass sein Vorschlag in Frau

Michalik gemischte Gefühle auslöste, konnte er sich erst im Nachhinein richtig klar machen. Frau Michaelik aber hatte natürlich reagiert, indem Sie sich verhalten gefreut und um Bedenkzeit gebeten hatte. Erst als sie ihre definitive Pro- und Kontra-Liste aufgestellt hatte und ihr keine weiteren Argumente einfielen, entschied sie sich, den Job anzunehmen. So viel Bedenkzeit musste ihr Chef ihr zugestehen, sonst hätte er ihre Zustimmung für den Aufstieg nicht bekommen.

Zu den beiden erstgenannten Aspekten (Fehler und Erfolge) für die Nachbereitung gesellt sich ein dritter, diesmal inhaltlicher: Im Nachhinein sind wir alle schlauer. Jeder von uns kennt das Phänomen, dass uns die besten Argumente einfallen, wenn die Begegnung hinter uns liegt. Da geht es dem frisch Verliebten nicht anders als denjenigen, die ihr Gehalt aufbessern möchten. Die zündenden Ideen aus der Nachbereitungsphase brauchen aber nicht verloren zu gehen, wenn Sie sich den Gedanken notieren und bei der nächsten Gelegenheit in einem weiteren Gespräch anbringen.

Beleuchtet der so gewonnene Beitrag das gesamte Thema neu, steht es Ihnen selbstverständlich offen, innerhalb der nächsten vierundzwanzig Stunden eine dringende Nachbesprechung zu vereinbaren. Aber nicht nur neue, die Sachlage gravierend verändernde Ideen rufen nach einem neuen Beschluss. Überlappende Termine oder ein vergessener Urlaubsantrag können dazu führen, dass Sie Vereinbarungen nicht halten können. Bitten Sie in einer solchen Situation möglichst frühzeitig um eine zusätzliche Absprache. Selbst

gesprächs–nachbereitung

- ✔ Habe ich meine Ziele erreicht?
- ✔ An welchen Stellen hätte ich zielsicherer argumentieren können?
- ✔ Wie war meine Körperhaltung?
- ✔ In welchen Momenten habe ich den Faden verloren?
- ✔ Wo bin ich ins Stottern geraten?
- ✔ Wo hätte ich mich stärker gegen die Argumente des Vorgesetzten wehren müssen?
- ✔ Entsprach das Gesprächsklima meinen Erwartungen?
- ✔ Konnte ich authentisch und situationsgerecht auftreten?
- ✔ Womit bin ich überrascht worden?
- ✔ Was kann ich im Hinblick auf folgende Gespräche verbessern?

wenn Ihnen Ihr Versäumnis unbehaglich ist, wäre es noch schlimmer, das Eingeständnis Ihrem Chef gegenüber länger vor sich her zu schieben.

Welche persönliche Bilanz Sie aus der Unterredung mit dem Chef oder der Chefin ziehen, hängt letztlich entscheidend davon ab, für wie groß Sie Ihren Einfluss auf den Gesprächsverlauf erachten.

Kommunikation

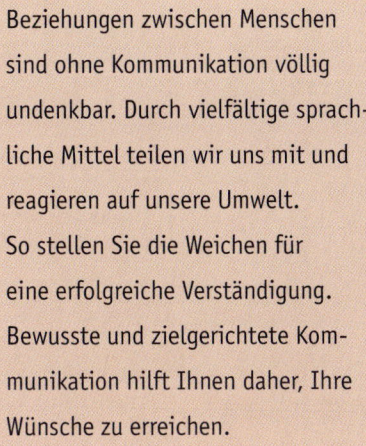

Beziehungen zwischen Menschen
sind ohne Kommunikation völlig
undenkbar. Durch vielfältige sprachliche Mittel teilen wir uns mit und
reagieren auf unsere Umwelt.
So stellen Sie die Weichen für
eine erfolgreiche Verständigung.
Bewusste und zielgerichtete Kommunikation hilft Ihnen daher, Ihre
Wünsche zu erreichen.

interview

Ich habe schon einige Chefs erlebt — und mit allen
verstand ich mich unterschiedlich. Ich sammelte meine
Erfahrungen, lernte meine Interessen zu benennen und
verlor im Lauf der Jahre die Scheu vor der Autorität.
Es stellte sich heraus, dass auch Chefs Grenzen
akzeptieren, wenn sie ihnen nur gesetzt werden, klar
und unmissverständlich.

KOMMUNIKATION ALS BEZIEHUNGSTANZ

Fit für Kommunikation

Im vorherigen Kapitel wurden Gesprächsan-
lässe und der Gesprächsverlauf in seinen verschiedenen Phasen skizziert. So entstand ein
Rahmen, innerhalb dessen sich eine Gesprächssituation bewegt. Darauf aufbauend widmet
sich dieser Abschnitt nun dem eigentlichen
kommunikativen Geschehen zwischen Ihnen
und dem Vorgesetzten. Zuerst werden Sie mit

den Rahmenbedingungen vertraut gemacht,
in denen Kommunikation möglich ist. Sie lernen die entscheidenden Regeln für gelungene
Kommunikation kennen. Um herauszufinden,
wie fit Sie für die betriebliche Wirklichkeit sind,
testen Sie Ihren eigenen Kommunikationsstil.
Zudem erfahren Sie mehr darüber, welchen
Führungsstil Ihr Chef pflegt.
 Auch werden Sie mit verschiedenen Psychotricks und einigen rhetorischen Winkelzügen

vertraut gemacht, deren Kenntnis die spezielle Gesprächssituation mit Ihrem Vorgesetzten erleichtert.

Kommunikation ist der Schlüssel für wechselseitige Verständigung, ob im Privat-, im öffentlichen oder im Berufsleben. Damit ist Kommunikation auch der Schlüssel zum unbekannten Wesen Chef. Passt der Schlüssel ins Schloss und öffnet die Tür zur gemeinsamen Beziehung, steht dem wechselseitigen Verständnis nichts entgegen. Öffnet sich das Schloss nicht, muss der Schlüssel neu angepasst werden. Dieser Feinschliff soll Ihnen mit Beispielen, Tipps und Hilfestellungen ermöglicht werden.

Kommunikatives Verhalten lässt sich in einem Satz beschreiben: Wer sagt was, zu wem, womit, durch welches Mittel, in welcher Absicht, mit welchem Effekt?

Sie (der Sender) übermitteln sprachlich Ihrem Vorgesetzten (dem Empfänger) den Satz »Ich danke Ihnen dafür, dass Sie mir das Angebot unterbreiten«. Damit signalisieren Sie höflich, dass Sie sich freuen, von ihm zum Beispiel für eine neue Stelle vorgeschlagen worden zu sein. Ihr Satz bewirkt, dass er sich bestätigt sieht, Ihnen den Vorschlag gemacht zu haben. Seine Reaktion wiederum bestätigt Ihnen, die Stimmung getroffen zu haben: »Wer, wenn nicht Sie?«

Das Wechselspiel der immerwährenden, rückgekoppelten Schleife zwischen Sender und Empfänger erzeugt die aktuelle Beziehungssituation.

Dabei drückt sich Kommunikation natürlich nicht nur in Worten aus. Auch die Gesten unserer Hände, ein Schulterzucken sowie der Ausdruck unseres Gesichts oder ein Blickkontakt helfen uns, den Empfänger über unsere Absichten zu informieren. Rein quantitativ übermitteln wir mit nicht-sprachlichen stilistischen Mitteln sogar sehr viel mehr Informationen, als wir in Worten auszudrücken vermögen. Wenn wir uns mit unseren Mitmenschen verständigen, bedienen wir uns einer großen Fülle verschiedener sprachlicher und nicht-sprachlicher Mittel. Diese Informationsfülle wird vom Sender verschickt und vom Empfänger entgegen-

Mit Mimik und Gestik übermitteln wir viel mehr Informationen als mit Worten.

genommen. Es erklärt sich von selbst, dass wir allenfalls einen Bruchteil der Informationen *bewusst* verarbeiten können. Den größten Anteil übernehmen wir aufgrund unserer Vorerfahrungen und unseres Kommunikationsstils automatisch.

Obwohl wir nicht in der Lage sind, die gesamte Informationsfülle zu kontrollieren, können wir durch gezielte Überlegung unser kommunikatives Handeln beeinflussen. Wir formulieren unsere Ängste, Wünsche, Hoffnungen, Bedürfnisse, Motivationen, Bedenken,

Ansprüche, Meinungen. In diesem Sinne gestalten wir die Kommunikation eigenverantwortlich.

Mittel der Kommunikation

Welche Kommunikationsmuster Sie und Ihr Chef auch aktivieren, die folgenden Regeln verbessern die kommunikative Atmosphäre und machen Sie sicherer in Ihrem Auftreten beim Chef. Sie helfen Ihnen, sich im Gespräch mit dem Vorgesetzten besser darzustellen, eine

übersicht

Elemente der sprachlichen Kommunikation	Elemente der nicht-sprachlichen Kommunikation
✔ Sprache	✔ Körperbewegungen
✔ Wortschatz	✔ Stimmlage
✔ Wortwahl	✔ Sprechpausen
✔ grammatikalischer Ausdruck	✔ nicht-sprachliche Laute
✔ Gesprächsnotizen	✔ Position im Raum (Nähe/Distanz)
✔ Protokolle	✔ Blickkontakt
✔ E-Mails	✔ Gestik
✔ Briefe	✔ Mimik
✔ Besprechungspläne	✔ körperliche Reaktionen (Erröten, Zittern, Schwitzen)
	✔ Ausstrahlung (Kleidung, Geruch, Kosmetik, Haarschnitt, Schmuck)

klare Richtung beizubehalten und Ihre Ziele zu erreichen.

Wenn Sie die Worte Ihres Chefs aufnehmen, dann tun Sie das nicht passiv. Vielmehr erschaffen Sie aktiv die Bedeutung der Nachricht, die ihr Vorgesetzter an Sie sendet. Sie interpretieren den Text, wie Sie ihn verstehen möchten und reagieren entsprechend. Dieselben Worte Ihres Chefs an eine andere Person gerichtet, kämen auf ganz andere Weise an. Mitteilungen zu empfangen ist kein passives Geschehen. Die Bedeutung einer Botschaft entsteht im Ohr des Zuhörers. Auf dieser Erkenntnis entwickelte die Kommunikationsforschung das Konzept des aktiven Zuhörens. Dieser erste Baustein gelingender Kommunikation zielt darauf ab, den Gesprächspartner so gut wie möglich zu verstehen und mehr Sicherheit zu gewinnen, das Gesagte zu interpretieren.

Sie hören aktiv zu, wenn Sie

→ den Ausführungen der anderen Seite konzentriert folgen,

→ während der Rede den Sinn des Gesagten erfassen,

→ sich in die andere Seite einzufühlen versuchen,

→ den Kommunikationspartner ernst nehmen,

→ durch die Körperhaltung Interesse signalisieren (siehe auch »Körpersprache«, Seite 41),

→ Missverständnisse durch Nachfragen gering halten,

→ eventuell mit eigenen Worten das Gesagte noch einmal zusammenfassen

→ durch Gesprächsförderer wie »hm« oder ein Kopfnicken signalisieren, beteiligt zu sein.

beispiel

Subjektive Interpretation von Nachrichten

Nachricht: »Ich möchte Ihnen sagen, wie sehr ich Ihre Arbeit schätze.«

Empfänger 1:	Empfänger 2:
Warum muss er sich einschleimen? Was will er?	Wird auch Zeit, dass er sich mal erkenntlich zeigt.

Selbstverständlich ist diese Aufzählung nur ein Leitfaden, nach dem Sie Ihre innere Haltung gestalten können. Sie müssen die einzelnen Elemente nicht abhaken. Wie so oft im Leben kommt es auf die Mischung an.

Sie können Ihre Gesprächshaltung testen, indem Sie die nächstbeste Situation (in einer Kneipe, unter Kollegen) nutzen, um sich zu fragen, wie sehr Sie tatsächlich in einem Gespräch aktiv zuhören und »mitgehen«. Wenn Sie merken, dass Sie häufig den Faden verlieren oder gar am Ende nicht wissen, worüber Ihr Gegenüber gerade geredet hat, haben Sie gegen die Grundsätze aktiven Zuhörens verstoßen. Denn auch wenn der Sender sich missverständlich ausdrückt, nicht auf den Punkt kommt oder keinem roten Faden folgt, liegt es an Ihnen, durch aktives Zuhören in die Kommunikation einzugreifen. Die anderen aus vermeintlicher Höflichkeit reden zu lassen und innerlich auf Durchzug zu stellen, mag in Alltagskonversationen manchmal nützlich sein. In wichtigen beruflichen Gesprächen wirkt sich diese Haltung allerdings

test

Aktives Zuhören

	ja	nein
In einem Gespräch verliere ich häufig den Anschluss.	☐	☐
Meine Gedanken gehen oft in eine andere Richtung.	☐	☐
Ich traue mich nicht, nachzufragen, wenn ich etwas nicht verstanden habe.	☐	☐
Ich habe selten Augenkontakt mit meinem Gegenüber.	☐	☐
Ich weiß oft nicht, warum Leute auf mich einreden.	☐	☐
Mir fällt es schwer, ein Gespräch in meine Richtung zu beeinflussen.	☐	☐
Ich weiß meist nicht, was ich erwidern soll, wenn mein Gegenüber eine Reaktion erwartet.	☐	☐
Ich entziehe mich Zweiergesprächen so oft es geht.	☐	☐
In größeren Gruppen gelte ich als schweigsam.	☐	☐
Ich habe oft nur mäßiges Interesse an den Themen meiner Gesprächspartner.	☐	☐

verheerend aus. Weder werden Sie Ihre Chefin oder Ihren Chef verstehen, noch werden Sie die Anforderungen umsetzen können, die sich aufgrund eines solchen Gesprächs für Sie ergeben. Ob Sie aktiv zuhören, können Sie mit oben stehenden Aussagen testen.

Wenn Sie den Aussagen überwiegend zustimmen, stehen Sie vor der Herausforderung, Ihre Gesprächshaltung verbessern zu müssen. Zu häufig finden Sie sich in Gesprächssituationen wieder, an denen Sie gar kein Interesse haben. Womöglich liegen hier die Gründe, warum es Ihnen selten gelingt, andere Menschen von Ihren Ideen zu überzeugen, oder warum Sie sich in Auseinandersetzungen nicht durchsetzen können.

Haben Sie manche Aussagen bejaht und manche verneint, halten sich die Missverständnisse in Grenzen. Sie beteiligen sich innerlich rege an den Gesprächen, wünschen sich aber ab und an einen anderen Verlauf. Vielleicht aus Höflichkeit, vielleicht aus Ängstlichkeit wagen Sie es jedoch nicht, das Gespräch stärker zu beeinflussen. Wenn Sie Ihre Fähigkeit aktiv zuzuhören ausbauen, gelangen Sie aber bald ans Ziel.

Wenn Sie die Aussagen des Tests überwiegend ablehnen, sind Sie in diesem Bereich fit für die Kommunikation mit Ihrem Chef. Sie verfügen über eine klare innere Haltung und bestimmen den Gesprächsverlauf entscheidend mit. Ihnen fällt es überhaupt nicht schwer, im richtigen Moment die richtigen Worte zu finden und situationsgerecht auf die empfangenen Nachrichten zu reagieren. Zudem übernehmen Sie Verantwortung für Ihre Kommunikation.

Gesprächsförderer

Dieser Verantwortung entziehen Sie sich, wenn Sie in einem Disput in so genannte Du-Botschaften verfallen. Diese transportieren unterschwellig immer einen Angriff, einen Vorwurf, eine Distanzierung. Sie enthalten darüber hinaus Behauptungen, die sich nicht prüfen lassen. Wählen Sie stattdessen Ich-Botschaften. Die unten stehende Übersicht gibt Ihnen eine Reihe von Beispielen, wie Sie Du-Botschaften in Ich-Botschaften umformulieren.

 **du-und ich-botschaften**

Du-Botschaften	Ich-Botschaften
✔ Sie können Ihre Versprechen nicht halten.	✔ Ich würde mich gerne 100%-ig auf Ihre Zusagen verlassen können.
✔ Warum hören Sie mir nicht zu?	✔ Ich habe den Eindruck, Sie sind nicht ganz bei der Sache.
✔ Da liegen Sie aber falsch.	✔ Ich hoffe, dass Sie nicht falsch liegen.
✔ Ständig ignorieren Sie meine Anstrengungen.	✔ Ich bin enttäuscht, weil Sie mir so wenig Beachtung schenken.
✔ Bilden Sie sich nicht ein, Sie könnten Ihre Arbeit immer bei mir abladen.	✔ Wenn ich es richtig sehe, verschiebt sich die Arbeitsteilung zu meinen Ungunsten.
✔ Sie reden ununterbrochen.	✔ Ich würde mich freuen, auch meine Sichtweise detailliert schildern zu dürfen.
✔ Sie weichen mir aus.	✔ Mir erscheint es so, als wichen Sie mir aus.

| Auch in Gesprächen mit mehreren Personen können gesprächsfördernde Mittel eingesetzt werden.

Diese kommunikativen Mittel helfen Ihnen, während des Gesprächs eine fördernde, aufmerksame Haltung einzunehmen. Darüber hinaus gibt es noch weitere Gesprächsförderer, die Sie bei Bedarf einsetzen können. Die Techniken werden Ihnen beispielhaft anhand von Dialogen vorgestellt:

→ Aufmerksamkeit
Naumer: »Frau Michalik, ich habe Sie um dieses Gespräch gebeten, weil ich Ihre Zukunft im Unternehmen mit Ihnen besprechen möchte.«
Cora Michalik nickt mit dem Kopf und rückt mit dem Stuhl ein wenig näher in Richtung ihres Chefs. (Aufmerksamkeit zeigen Sie auch durch Worte wie »aha« oder »Tatsächlich!«.)

→ Wiederholung
Naumer: »Was halten Sie davon, wenn ich Herrn Zehnt zum Chef der Abteilung Visuelle Kommunikation machen würde?«
Michalik: »Sie wollen also meine Meinung zu Herrn Zehnt wissen und wie es mir gefiele, wenn Sie ihn befördern würden ...«

→ Nachfragen
Naumer: »Frau Michalik, natürlich wollte ich nur testen, wie Sie darauf reagieren, wenn ich Ihnen Herrn Zehnt vor die Nase setze.

Tatsächlich möchte ich Sie zur Abteilungsleiterin machen.«
Michalik: »Jetzt überraschen Sie mich aber. Sie haben also nur geblufft?«

→ Den emotionalen Gehalt der Botschaft beschreiben
Naumer: »Da fällt mir aber wirklich ein Stein vom Herzen.«
Michalik: »Ich sehe, Sie sind erleichtert, dass ich grundsätzlich bereit bin, mehr Verantwortung in der Firma zu übernehmen.«

→ Zusammenfassen
Naumer: »Was sagen Sie nun?«
Michalik: »Ich habe Sie also nicht falsch verstanden? Sie wollen mir die Stelle als Abteilungsleiterin geben. Und Sie wollen mein Gehalt erhöhen. Das finde ich toll.«

→ Weiterführen
Naumer: »Sie arbeiten jetzt fünf Jahre bei uns. Ich bin hoch zufrieden mit Ihnen.«
Michalik: »Ich werde versuchen, auch in Zukunft Ihre Erwartungen zu erfüllen. Sicherlich werden wir besprechen müssen, wie sich die Abteilung unter meiner Führung weiterentwickeln soll.«

Körpersprache – Haltung, Mimik und Gestik

Das gesprochene Wort wird von der Sprache des Körpers unterstützt, diese verleiht dem Gesagten besonderen Nachdruck – oder verkehrt es ins Gegenteil. Der Körper, seine Haltung, die Stimme und der mimisch-gestische Ausdruck übermitteln dem Empfänger weitere Angaben über den Gehalt einer Nachricht. Der Augenaufschlag, die Stimmlage, die Mundwinkel und gestikulierende Hände liefern Anhaltspunkte, wie die gesendete Botschaft zu verstehen ist.

Wer mit herabgezogenen Mundwinkeln verkündet, wie sehr er sich freut, kann kaum damit rechnen, für glaubwürdig gehalten zu werden. Wer den Blick senkt, wenn er auf einen Fehler angesprochen wird, deutet Einsicht und eventuell Reue an. Wer wiederum dem (musternden) Blick desjenigen standhält, der ihn mit Fehlern konfrontiert, kann

Die Körpersprache beeinflusst, wie das Gesagte vom anderen interpretiert wird.

hoffen, ohne Eingeständnis davonzukommen – wenn nicht eine unwillkürliche Reaktion wie das Erröten den beabsichtigten Eindruck zerstört.

Körpersignale bleiben allerdings sowohl aus Sender- als auch aus Empfängersicht ein zweischneidiges Schwert. Empfänger übersetzen Informationen, die nicht hundertprozentig verlässlich sind. Der Empfänger unterliegt immer der Gefahr, einen Fehlschluss zu begehen, von einer vermeintlich »objektiven« Körperhaltung auf ein bestimmtes Innenleben zu schließen. Dieses Phänomen kennen alle Ver-

liebten, die jede Bewegung, jeden Blick, jede Geste daraufhin prüfen, ob die Verliebtheit Chancen hat, und sich immer mehr bestätigt sehen – und auf Nachfrage dann vielleicht doch enttäuscht werden.

Umgekehrt steht auch ein Sender vor Schwierigkeiten: So selbstverständlich wir mit dem Körper sprechen, so schwer fällt es uns, den Ausdruck unmittelbar zu kontrollieren. Unser Körper wird gerade während eines Gesprächs, das all unserer intellektuellen Kräfte bedarf, eher automatisch gesteuert. Wir merken nicht, wie sich unser Körper

körperhaltung

Offene Haltung	**Geschlossene Haltung**
✔ Raum greifend, Platz einnehmen	✔ möglichst wenig Raum beanspruchen, nur nicht auffallen
✔ Arme vom Körper entfernt	✔ Arme an den Körper gepresst
✔ geöffnete Handflächen, Hände ausladend	✔ Hände im Schoß
✔ Schultern aufrecht	✔ Schultern eingefallen
✔ Knie leicht gespreizt oder locker übereinander geschlagen	✔ zusammengepresste Knie
✔ Fußspitzen zeigen nach außen	✔ angespannt
✔ verständliches Sprechen mit guter Körperresonanz	✔ leises Sprechen ohne körperliches Schwingen
✔ aktiver Blickkontakt	✔ Augen gesenkt, stehen nicht zur Kontaktaufnahme zur Verfügung

t i p p s

(Körper)-Haltung optimieren

✔ Verstecken Sie sich nicht. Sitzen Sie aufrecht.

✔ Sitzen Sie bequem. (Verhalten Sie sich nicht so, als seien Sie auf dem Sprung.)

✔ Atmen Sie durch! Atmen Sie mit dem Bauch.

✔ Halten Sie Blickkontakt.

✔ Kratzen Sie sich nicht am Kragen. Kauen Sie nicht an den Nägeln.

✔ Nutzen Sie die Hände für unterstützende Gesten – ohne den Zeigefinger zu erheben.

✔ Sprechen Sie laut und deutlich.

✔ Weichen Sie dem Blick auch dann nicht aus, wenn die Situation brenzlig wird.

verhält. Wer einmal die Videoaufzeichnung eines Gesprächs von sich gesehen hat, wird sich schmerzlich bewusst geworden sein, wie schwierig es ist, den Körper in dieser Situation bewusst zu steuern. Die obige Checkliste gibt Ihnen wichtige Anhaltspunkte, worauf Sie im Gespräch besonders achten sollten.

So gelingt die Kommunikation mit Ihrem Chef

Zu einem gelungenen Beziehungstanz, so weit Sie ihn von Ihrer Seite beeinflussen können, gehören der persönliche Umgangston und ein authentischer Gefühlsausdruck. Sie werden erfolgreich kommunizieren, wenn Sie Ihrem Chef erhobenen Hauptes und freundlich begegnen. Wichtig ist zudem, dass Sie ihn ernst nehmen und als Gesprächspartner respektieren. Denn Sie können von einem Tanzpartner nicht erwarten, dass er sich Ihnen gegenüber freundlich und aufmerksam verhält, wenn Sie nicht eine entsprechende Haltung in die Beziehung einbringen. Selbstverständlich sagt sich das leichter, als es für Sie in der Realität umzusetzen ist. Vielleicht haben Sie schon ein halbes Dutzend gut gemeinter Anläufe hinter sich, und vielleicht weist Ihr Chef Sie immer wieder zurück und will von Ihren freundlichen Angeboten nichts wissen. Dennoch empfiehlt es sich, dass Sie Ihren Stil beibehalten. Zwar könnten Sie auch anders und Sie haben das Gefühl, schlimmer könne es ja nicht werden. Doch vielleicht müssten Sie sich selber verbiegen, wenn Sie versuchen unfreundlich zu sein, obwohl Sie eigentlich ein eher freundliches Gemüt haben. Lassen Sie sich nicht beirren. Hoffen Sie darauf, dass steter Tropfen den Stein höhlt. Denn die wichtigste Regel für eine Gesprächssituation ist und bleibt: Seien Sie authentisch – und das kann auch mal Zorn und Enttäuschung beinhalten. Lassen Sie sich nicht einschüchtern.

Verlangen Sie, wie ein erwachsener Mensch behandelt zu werden.

Weitere wichtige Aspekte einer erfolgreichen Gesprächsführung sind:

→ Sie kommunizieren in Übereinstimmung mit der Situation.

→ Sie verwenden Ich-Botschaften (Selbstaussagen) anstatt vorwerfender Du-Botschaften.

→ Sie hören aktiv zu.

→ Sie prüfen Ihre Vorurteile.

→ Sie verwenden Gesprächsförderer.

→ Sie signalisieren über eine eher offene Körperhaltung Ihr Interesse.

→ Sie liefern direkte, offene Gesprächsbeiträge, keine doppeldeutigen Botschaften.

→ Sie sprechen Probleme offen an.

→ Sie teilen Beschreibungen und Bewertungen unabhängig voneinander mit.

→ Sie verfügen über Konflikt- und Frustrationstoleranz (nachgeben, Enttäuschung aushalten).

→ Sie suchen nicht nach Harmonie um jeden Preis.

→ Sie lassen sich konstruktiv auf Vorschläge ein.

Filtern Sie sich aus diesem Mix die für Sie richtige Mischung heraus, und Sie schaffen die Grundlage für eine zufrieden stellende berufliche Beziehung zu Ihrem Chef.

Sprechen Sie Probleme offen an, und streben Sie nicht um jeden Preis nach Harmonie.

> interview

> Mit meinem Chef zu reden, ist selten eine leichte Übung. Er klärt zuerst die Lage und hält sich sehr lange mit eigenen Stellungnahmen zurück. Dabei geht er strikt nach einem Plan vor, den er sich vorher überlegt hat und den ich dann natürlich zu entschlüsseln versuche. So ist der Anfang des Gesprächs meist durch gegenseitiges Abtasten gekennzeichnet. Wir wollen beide nicht sofort preisgeben, was wir uns vorher überlegt haben.

KOMMUNIKATIONSSTILE

Wie ist mein eigener Kommunikationsstil?

Wie bereits erwähnt, verändert sich in der Ausnahmesituation des Gesprächs mit einem Vorgesetzten Ihr Kommunikationsstil. Wenn Sie auch außerhalb des Arbeitsplatzes für sich einstehen können und von Ihren Gesprächspartnern verstanden werden, sollte Ihr Chef Sie aber nicht so sehr einschüchtern können, dass Sie kein Wort mehr herausbekommen. Umgekehrt trifft das natürlich ebenso zu: Fällt es Ihnen in einem persönlichen Gespräch eher schwer, Ihre Gedanken zu sammeln, Ihre Aufregung zu beherrschen und Ihr gewünschtes Gesprächsziel zu erreichen, müssen Sie auch im betrieblichen Alltag mit entsprechenden Schwierigkeiten rechnen. Allerdings ist es nie zu spät, sich diesen eventuellen Schwierigkeiten zu stellen und Ihre Gesprächshaltung zu optimieren. Damit Sie erfahren, in welchen Bereichen Sie bereits gut vorbereitet in ein Gespräch mit dem Chef gehen und welche Bereiche noch einer Verbesserung bedürfen, finden Sie im

test: kommunikationsstil

	immer	meist	selten	nie
Ich halte mich für schlagfertig.	☐	☐	☐	☐
Ich rede in zusammenhängenden Sätzen.	☐	☐	☐	☐
Ich halte dem Blick meines Gesprächspartners stand.	☐	☐	☐	☐
Ich lasse die anderen ausreden.	☐	☐	☐	☐
Ich höre aufmerksam zu.	☐	☐	☐	☐
Ich stelle Zwischenfragen.	☐	☐	☐	☐
Ich teile mit, wenn ich etwas nicht verstanden habe.	☐	☐	☐	☐
Ich überlege genau, was ich sage.	☐	☐	☐	☐
Ich bin ganz die Ruhe selbst, wenn ich spreche.	☐	☐	☐	☐
Ich kann Fehler offen einräumen.	☐	☐	☐	☐
Ich achte darauf, dass Gesprächspartner zu Wort kommen.	☐	☐	☐	☐
Ich nutze Gesprächspausen zum Nachdenken.	☐	☐	☐	☐
Ich spreche so laut, dass mich die anderen verstehen.	☐	☐	☐	☐
Ich erreiche in Gesprächen, was ich will.	☐	☐	☐	☐
Mir fällt es leicht, eine andere Meinung als die meines Gesprächspartners zu vertreten.	☐	☐	☐	☐
Ich weiß, wie ich es vermeide, mich einschüchtern zu lassen.	☐	☐	☐	☐
Ich bleibe im Gespräch beim Thema.	☐	☐	☐	☐
Ich habe keine Angst, mir könnten die Worte fehlen.	☐	☐	☐	☐
Ich trenne zwischen sachlicher und persönlicher Kritik.	☐	☐	☐	☐
Ich bewahre äußerlich Haltung.	☐	☐	☐	☐

Kasten links 20 Aussagen, mit denen Sie Ihren Kommunikationsstil testen können. Bitte füllen Sie die Felder möglichst ehrlich aus, da Sie sich nur dann auf zukünftige Gespräche gezielt vorbereiten können. Schon beim Ausfüllen wird Ihnen auffallen, an welchen Stellen Sie relativ schnell zu einer Entscheidung kommen und wo es Ihnen schwer fällt, sich für eine Antwortkategorie zu entscheiden. Diese Aussagen markieren Sie gesondert, und lassen sie anschließend noch einmal auf sich wirken. Fragen Sie sich dabei, was Ihnen spontan in den Sinn kam, beziehungsweise an welche Situation Sie sich erinnerten, als Sie die Aussage bewerten sollten. Welchen Zusammenhang zu Ihrem betrieblichen Alltag konnten Sie knüpfen?

Test-Bewertung

Bitte geben Sie sich für jedes Kreuz unter »immer« vier Punkte, für Kreuze unter »meist« drei Punkte, für »selten« zwei Punkte und für »nie« einen Punkt.

Test-Auswertung

Mehr als 60 Punkte

Erreichen Sie eine Punktzahl über 60, verfügen Sie über beste Voraussetzungen, mit Ihrem Chef, Ihrer Chefin zu reden. Sie kennen die wichtigsten Regeln, hören aktiv zu und verfügen über das notwendige Selbstbewusstsein, sich kommunikativ in einer Gruppe oder gegenüber dem Vorgesetzten zu behaupten. Das gibt Ihnen eine hervorragende Ausgangsposition, Ihre Ziele zu erreichen. Gleichzeitig trägt Ihr Kommunikationsstil zu einer guten Atmosphäre im Arbeitsteam bei.

41 bis 60 Punkte

Sie haben Schwierigkeiten, sich in Szene zu setzen. Sie sehen sich immer wieder in Situationen, in denen Sie sich scheinbar nicht verständlich ausdrücken können. Sie sehen Ihre Argumente nicht genügend gewürdigt, obwohl Sie davon überzeugt sind, auf dem richtigen Weg zu sein. Anhand jener Fragen, die Sie mit »selten« oder »nie« beantwortet haben, können Sie erkennen, welche Bereiche Sie gesondert trainieren müssen, wenn Sie erreichen wollen, dass Ihnen ausreichend Gehör geschenkt wird. Weiterführende Fach- und Trainingsbücher finden Sie im Service.

20 bis 40 Punkte

Sie sollten unbedingt Ihre kommunikativen Fähigkeiten verbessern, wenn Sie nicht stets in verbalen Auseinandersetzungen ausgestochen werden wollen. Eventuell können Sie von einem gezielten Kommunikationstraining wie zum Beispiel einem Rhetorikseminar profitieren. Solche Seminare werden von privaten Bildungsträgern oder auch Volkshochschulen angeboten. Vor allem aber beherzigen Sie einen Vorschlag: Trauen Sie sich mehr zu! Setzen Sie sich für sich ein. Überlassen Sie es nicht anderen, Ihren Weg zu bestimmen. Ergreifen Sie häufiger das Wort, und geben Sie Ihre Meinung preis. Es gibt keine falschen Meinungen! Bestehen Sie darauf, dass Ihr Chef oder Ihre Kollegen Sie ausreden lassen, auch wenn Sie eine kleine Rede- oder Denkpause einlegen.

Der größte Fehler, den Sie machen können, ist, sich der Angst auszuliefern, Sie könnten Fehler machen.

Wie kommuniziert mein Chef?

Die Rollen der Vorgesetzten und ihre arbeitsorganisatorischen Aufgaben im betrieblichen Ablauf sind klar umrissen: Sie führen eine Abteilung, eine Gruppe oder ein Team. Sie verteilen die Arbeit und kontrollieren die Leistungsbilanz. Hinzu kommen administrative Aufgaben. Papierkram ist zu erledigen, sie müssen Entscheidungen treffen und Sitzungen besuchen.

Zu ihrer Rolle gehören zudem kommunikative Aufgaben: Mitarbeiter müssen beurteilt und Konflikte gelöst werden. Die Zielsetzungen der Organisation bedürfen einer vermittelnden Instanz. Von den Führungskräften wird erwartet, dass sie bei Schwierigkeiten im arbeitstechnischen und im persönlichen Bereich ansprechbar sind.

Die fachliche Seite gibt häufig den Ausschlag, wer aufsteigt und den Posten des Chefs einnimmt. Die kommunikativen Kompetenzen gelten als nachrangig. Entsprechend schwierig

Fehlt die kommunikative Einbindung, sinkt die Motivation.

gestaltet sich anschließend oft die Gesprächsatmosphäre für die Mitarbeiterinnen und Mitarbeiter. Erst in den letzten Jahren haben große Unternehmen und der öffentliche Dienst erkannt, wie wichtig es ist, ihre Führungskräfte gezielt zu fördern. Dabei werden auch Fähigkeiten zum besseren kommunikativen Umgang mit den Mitarbeitern, zur Problem- und Konfliktbewältigung sowie Feedback-Techniken vermittelt.

Allerdings leisten sich bisher nur wenige Organisationen diese Weiterbildung. In kleineren Unternehmen verfügen die Leiter häufig nicht über die Ressourcen, sich mit neuen Managementtechniken zu beschäftigen. Manchmal gelten mitarbeiterorientierte Führungsstile aber auch als neumodischer Schnickschnack, der Hierarchien durcheinander bringt und den Zusammenhalt der Firma sowie das Leistungsgefüge bedroht. Doch gerade die kommunikative Einbindung der Mitarbeiter erhöht deren Bereitschaft, selbst Verantwortung zu übernehmen. Infolgedessen steigen auch die Leistungen. Um sich ein Bild von Ihrem Chef oder Ihrer Chefin zu machen, finden Sie in dem gegenüberliegendem Kasten Aussagen, die den kommunikativen Stil Ihres Vorgesetzten charakterisieren. Bei dem Test handelt es sich um eine Fremdeinschätzung. Es geht also darum, wie Ihr Chef oder Ihre Chefin aus Ihrer Sicht kommuniziert.

Test-Bewertung

Bitte geben Sie Ihrem Chef für jedes Kreuz unter »immer« vier Punkte, für Kreuze unter »meist« drei Punkte, für »selten« zwei Punkte und für »nie« einen Punkt.

test: chef-stil

Meine Chefin oder mein Chef ...

	immer	meist	selten	nie
... lässt die Mitarbeiter ausreden.	☐	☐	☐	☐
... hat ein offenes Ohr für die Mitarbeiter.	☐	☐	☐	☐
... vertritt den eigenen Standpunkt, legt ihn offen dar.	☐	☐	☐	☐
... formuliert und argumentiert positiv.	☐	☐	☐	☐
... begrüßt gute Vorschläge der Mitarbeiter.	☐	☐	☐	☐
... trägt Konflikte sachlich aus.	☐	☐	☐	☐
... löst Probleme konsequent.	☐	☐	☐	☐
... versteht es, eine positive Gesprächsatmosphäre zu erzeugen.	☐	☐	☐	☐
... bezieht Mitarbeiter in die Arbeitsgestaltung ein.	☐	☐	☐	☐
... fragt nach Gründen für Leistungsveränderungen.	☐	☐	☐	☐
... bleibt auch unter Druck fair.	☐	☐	☐	☐
... erkennt auch eigene Schwächen.	☐	☐	☐	☐
... zieht erkennbare Grenzen.	☐	☐	☐	☐
... formuliert klare Erwartungen.	☐	☐	☐	☐
... reagiert ruhig und gelassen auf Konflikte.	☐	☐	☐	☐
... trifft klare Absprachen.	☐	☐	☐	☐
... ist von Launen unabhängig.	☐	☐	☐	☐
... hat immer ein freundliches Wort parat.	☐	☐	☐	☐
... begegnet den Mitarbeitern ohne Vorbehalte.	☐	☐	☐	☐
... hat stets Zeit für die Mitarbeiter.	☐	☐	☐	☐

Ein kooperativer Führungsstil gestattet auch konstruktive Kritik.

Ihre Probleme ernst nehmen und versuchen, mit Ihnen gemeinsam eine Lösung zu finden. Beobachten Sie Ihren Chef, wie er in einem Meeting kommuniziert, wie er in schwierigen Situationen und bei unerwarteten Problemen reagiert – Sie können viel von ihm lernen. Zu diesem partnerschaftlich-kooperativen Führungsstil gehört auch eine klare und durchschaubare Leistungsbeurteilung und das Bedürfnis, die Mitarbeiterinnen und Mitarbeiter umfassend über Abläufe und Zielsetzungen zu informieren. Lob und Anerkennung Ihrer Arbeit wird bei einem solchen Chef nicht fehlen. Zudem ist er nach Ihrer Einschätzung fähig, aufbauende und konstruktive Kritik zu üben.

Test-Auswertung

Mehr als 60 Punkte

Sie können sich glücklich schätzen. Ihr Chef führt mitarbeiterorientiert, kooperativ und partnerschaftlich. Er leitet das Team souverän und verfügt über einige Erfahrung im Umgang mit den Kolleginnen und Kollegen. Begegnen Sie ihm im Gespräch ebenso offen, und verstellen Sie sich nicht. Er würde sicher bemerken, wenn Sie ein Problem vor ihm verbergen oder die Unwahrheit sagen. Kritisieren Sie, wenn Sie mit einem Punkt unzufrieden sind. Überlegen Sie sich jedoch auch Verbesserungsvorschläge. Bringen Sie Ihre Argumente mit ruhiger Stimme und selbstbewusst in die Diskussion ein. Ihr Chef wird Sie anhören,

! tipps

zum Umgang mit dem kooperativen Stil

- ✔ Bewahren Sie den Überblick über Ihren Bereich.
- ✔ Lernen Sie, die Ihnen zugeschriebene Verantwortung zu übernehmen.
- ✔ Nutzen Sie die Angebote, die Ihr Chef Ihnen macht.
- ✔ Wagen Sie es, Kritik zu üben.
- ✔ Vermeiden Sie es, die gute Atmosphäre für Ihre Belange auszunutzen.

tipps

zum Umgang mit dem passiv-gleichgültigen Stil

✔ Seien Sie auf der Hut! Achten Sie auf kleinste Anzeichen eines drohenden Klimawandels.

✔ Nehmen Sie sich kein Beispiel: Werden Sie nicht ebenso gleichgültig.

✔ Wappnen Sie sich gegen die Tricks, die Ihr Chef anwendet, um sich aus der Affäre zu ziehen (siehe »Psychotricks der Vorgesetzten«, Seite 57).

✔ Fordern Sie Ihren Vorgesetzten vorsichtig auf, Ziele klar zu formulieren.

✔ Fragen Sie direkt, was er von Ihrer Arbeit hält.

✔ Nehmen Sie ihm Entscheidungen nicht ab.

41 bis 60 Punkte

Wenn die Punktzahl Ihres Chefs in diesem Bereich liegt, neigt sein Kommunikationsstil zu einer Art Laisser-faire, leben und leben lassen. Man kann eine solche Haltung auch passiv-gleichgültig nennen. Einerseits traut ein solcher Chef den eigenen Mitarbeitern sehr viel zu. Andererseits fühlen diese sich überfordert, weil sie allein gelassen werden und von ihrem Chef keine Unterstützung erfahren. Völlig unvorbereitet delegiert dieser Chef-Typ Aufgaben nach dem Motto »Machen Sie mal, Sie schaffen das schon« . Ein eher passiver Chef neigt dazu, nur zu reagieren, anstatt selber anzuregen. Den Mitarbeitern lässt dieser Chef weder Lob noch Tadel angedeihen. Sie bekommen kaum Informationen und keine Orientierung. Kritik spricht der passive Chef nur aus, wenn keine andere Möglichkeit mehr bleibt. Förderung ist kaum zu erwarten. Zielformulierungen können schnell verwässern, weil der Leiter eindeutige Entscheidungen scheut. Dabei prägt Unsicherheit oder Unerfahrenheit sein Auftreten, die er durch betonte Lockerheit ummantelt.

Bis 40 Punkte

Schätzen Sie Ihren Chef so ein, haben Sie es mit einem Vorgesetzten alter Schule zu tun. Er versteht sich eher als der diensthabende Offizier in einer ihm unterstellten Rekrutentruppe, die auf sein Kommando zu hören hat. Das drückt sich in Wortwahl und Kasernenton aus und erschwert die Zusammenarbeit. Diesem Vorgesetzten sind Macht und Stärke die wichtigsten Errungenschaften seines Postens. Er regiert durch Anordnungen und respektiert die Mitarbeiter und Mitarbeiterinnen wenig. Er traut ihnen wenig zu, erledigt viel alleine und klagt entsprechend über die Mehrbelastung. Dieser Chef kontrolliert viel und informiert wenig. Aufgaben verteilt er detailliert ohne Spielraum für Mitarbeiter. Kritik kommt zerstörerisch an, gefördert wird allenfalls Wohlverhalten. Dennoch »sorgt« er für »sei-

t i p p s

zum Umgang mit dem autoritären Stil

✔ Begeben Sie sich im Gespräch nicht auf dasselbe (Aggressions-)Niveau!

✔ Auch wenn es schwer fällt: Diskutieren Sie fair.

✔ Fordern Sie die Übertragung von Verantwortung.

✔ Weisen Sie auf Ihr Motivationsproblem hin, falls der Chef Sie hindert, Ihr wirkliches Leistungsvermögen zu zeigen.

✔ Lassen Sie sich von Gefühlsausbrüchen nicht einschüchtern.

✔ Wehren Sie sich gegen persönliche Beleidigungen.

✔ Setzen Sie Grenzen, wenn Sie permanent zu Diensten abgeordnet werden, die nicht zu Ihrem Arbeitsprofil gehören.

✔ Bitten Sie um eine Vertagung des Gesprächs, wenn die Situation eskaliert.

✔ Beschränken Sie sich im Gespräch auf das Wesentliche. Das erhöht Ihre Chancen, ausreden zu können.

ne« Leute. Er tritt als Beschützer auf, zieht alle Verantwortung an sich. Mitarbeiter, die sich nach Geborgenheit sehnen, können sich im Umfeld eines solchen Vorgesetzten durchaus wohl fühlen.

Die Kommunikationsstile in Einklang bringen

Welchen Stil Sie Ihrer Führungskraft auch zugeschrieben haben, am Ende entscheidet, wie gut Sie mit ihr auskommen. Abhängig von Ihrer eigenen Haltung, ob Sie viel Verantwortung durch kooperativen Stil oder wenig Kontrolle und Orientierung durch Laisser-faire oder wenig Verantwortung durch autoritären Stil bevorzugen, gestaltet sich Ihre Reaktion. Gelingt es Ihnen nicht, Ihr Kommunikationsverhalten mit dem Stil des Vorgesetzten in Einklang zu bringen, drohen dauernde Missverständnisse und unangenehme Gefühlsreaktionen. Sie vermeiden die Begegnung mit dem Chef, er geht Ihnen aus dem Weg. Arbeitstechnisch notwendige Treffen verlaufen zunehmend quälend. Ein Gespräch über die Stimmung in der Abteilung, über Ihre Zukunft oder einen Veränderungswunsch Ihrerseits erweist sich als zunehmend schwierig durchzuführen.

In einer solchen Situation müssen Sie folgende Fragen abwägen:

→ Wie tief sitzt das wechselseitige »Nicht-Miteinander-Können«?

→ Könnte eine mutige Aussprache helfen?

→ Sehen Sie überhaupt noch eine Chance, die Wogen zu glätten – außer sich aus dem Weg zu gehen?

➔ Vermuten Sie absichtliche Böswilligkeit hinter dem Verhalten ihres Vorgesetzten?
➔ Wie groß ist Ihre Bereitschaft, Missverständnisse aus dem Weg zu räumen?
➔ Wir groß ist die Bereitschaft auf Seiten des Vorgesetzten, für ein besseres kommunikatives Klima zu sorgen?
➔ Wie schätzen die Kollegen Ihre Schwierigkeiten ein?

➔ Wie viele Kollegen haben ähnliche Probleme? (Damit finden Sie heraus, ob es nur Sie und Ihre Beziehung zum Chef betrifft.)
➔ Ließe sich das Problem durch einen (unparteiischen) Dritten moderieren?
➔ Wäre es innerhalb des Unternehmens möglich, einander aus dem Weg zu gehen, indem Sie die Abteilung wechseln?

zehn gebote für den umgang mit dem chef

1. Streiten Sie nicht darum, wer Recht hat. Provozieren Sie keine Machtkämpfe.

2. Lassen Sie sich durch Statussymbole und -gesten nicht einschüchtern. Denken Sie an Ihre gute Arbeit für die Firma.

3. Geben Sie Fehler offen zu. Verschleiern hilft nicht und verschlimmert meist die Situation. Mit gutem Gewissen arbeiten Sie zufriedener.

4. Obwohl große Tiere, sind auch Chefs Menschen und somit selten perfekt. Zeigen Sie Respekt, ohne sich zu unterwerfen.

5. Erinnern Sie den Chef an Absprachen. Nicht nur Sie müssen sich an Vereinbarungen halten.

6. Seien Sie immer gut vorbereitet, wenn der Chef zum Gespräch bittet.

7. Arbeiten Sie dem Kontrollbedürfnis zu. Dokumentieren Sie Ihre Tätigkeiten, arbeiten Sie möglichst transparent und mit offenen »Büchern«.

8. Lassen Sie sich nicht vom Chef in ein Gerangel zwischen Abteilungen oder Kollegen einspannen. Bewahren Sie Ihre Unabhängigkeit.

9. Loben Sie auch mal den Vorgesetzten, wenn Sie einen Anlass dafür sehen. Machen Sie ihm die Freude.

10. Gehen Sie auf den Chef zu, suchen Sie Kontakt, bleiben Sie im Gedankenaustausch – auch in Phasen, in denen keine dringenden Geschäfte einer Begegnung bedürfen.

Im Gespräch mit dem Chef können Ihnen einige rhetorische Winkelzüge begegnen – machen Sie sich mit Ihnen vertraut.

Wenn Sie die aufgelisteten Fragen durchweg negativ beantwortet habern, ist Ihre Situation sehr schwierig. Es scheint kaum mehr möglich, das wechselseitige Missverstehen auszuräumen. In einem solchen Fall sollten Sie um des eigenen inneren Friedens willen darüber nachdenken, die Firma zu verlassen. Denn eines werden Sie nicht erreichen: Ihren Chef zu verändern. In dem Machtspiel, das sich aus dieser Konstellation ergibt, sitzen Sie in den meisten Fällen am kürzeren Hebel.

Rhetorische Winkelzüge

Um in Gesprächssituationen Ihre Ziele zu erreichen, greifen Chefs auch auf rhetorische Kunstgriffe zurück. Dazu zählen so genannte »Ja, aber«-Antworten oder Versuche, Meinungen als Fakten zu verkaufen. Beliebt sind darüber hinaus Hinweise auf Statussymbole, Berufsabschlüsse oder höhere Autoritäten. Gleichzeitig drohen Chefs versteckt, um ihrer Zwecke willen, oder versuchen eventuell, den Gesprächspartner zu verunsichern oder sogar zu diskreditieren.

Die Techniken aus der rhetorischen Trickkiste helfen den Vorgesetzen, das Gesicht zu wahren oder unliebsame Forderungen zu unterlaufen. Da die Vorgesetzten mit solchen Techniken meistens mehr Erfahrung haben und sie absichtsvoller einsetzen, ist es in vielen Situationen gar nicht so einfach, sie als Kniff zu identifizieren beziehungsweise zu entlarven.

Die nebenstehende Übersicht macht Sie mit den wichtigsten Winkelzügen vertraut, die Ihnen im Gespräch mit dem Chef begegnen

übersicht

So entlarven Sie rhetorische Tricks

Durch Fachwissen imponieren   *Mögliche Gegenreden*
Der Chef verstärkt die eigene Position, indem er sich auf zusätzliche Ausbildungen, Bildungsgrade, Titel beruft.

| »Ich habe nicht umsonst mehrere Seminare zu diesem Thema besucht.« | »Ich glaube, unser Problem ist einzigartig, weil ...« |

Auf Status hinweisen
Der Chef unterstützt seine Position durch Hinweise auf seinen Chef-Status.

| »Ich als Ihr Chef sage, dafür können wir keine Verantwortung übernehmen.« | »Ich halte die Alternativen für noch weniger verantwortbar.« |

Meinungen als Tatsachen verkaufen
Der Chef reichert seine Meinung mit Pseudo-Fakten an und macht eine Tatsache daraus.

| »Lassen Sie mich mal erklären, wie es wirklich ist. Ihre Zahlen weisen eindeutig nach unten.« | »Die Zahlen stützen meines Erachtens diese Ansicht nicht.« |

Auf Autoritäten berufen
Der Chef benutzt einen statusgleichen oder -höheren Mitarbeiter, um sich hinter dessen Rücken zu verstecken.

| »Sie werden doch dem eigenen Abteilungsleiter nicht widersprechen, der doch erst erläuterte, was in diesem Fall das Beste ist.« | »Ich glaube nicht, dass die Argumentation in diesem Fall zutrifft.« |

Andeutungen
Der Chef bügelt einen Vorschlag ab, ohne eine Begründung zu liefern.

| »Abgesehen davon, dass es sich nicht realisieren lässt ...« | »Ich bin der Ansicht, es lässt sich realisieren, da ...« |

übersicht (fortsetzung)

So entlarven Sie rhetorische Tricks

Ja, aber – die versteckte Ablehnung
Der Chef geht einen Schritt nach vorn und zwei zurück – ohne die Bereitschaft zu zeigen, wirklich Stellung zu beziehen.

»Ich finde Ihren Vorschlag gut, kann ihn aber nicht unterstützen.«	»Wenn sie meiner Ansicht sind, warum können Sie dann nicht ...«

Belohnung in Aussicht stellen
Der Chef schmeichelt und stellt eine zukünftige Belohnung in Aussicht, um sich in der Gegenwart der Situation zu entziehen.

»Sie sind ein langjähriger Mitarbeiter und wissen, was dem Unternehmen gut tut. Das macht sich langfristig bezahlt.«	»Danke, aber ich hoffe, meine Loyalität verführt Sie nicht dazu, mir meine Bitte abzuschlagen. Gerade wegen meiner Erfahrung sollten Sie mir die Bitte erfüllen.«

Verstecktes Drohen, Identifikation mit negativen Positionen
Der Chef versucht, den Gesprächspartner in eine bestimmte Ecke zu drängen, von der er weiß, dass sie dem Gegenüber unbehaglich ist.

»Befürworten Sie nicht die Gleichbehandlung der Geschlechter?«	»Diese Frage spielt in diesem Zusammenhang keine Rolle.«

Eigene Person an das Argument kleben
Der Chef fordert Zustimmung – aufgrund vergangener Gunstbeweise oder auch aus Mitgefühl für die eigene Person.

»Ich habe so viel für Sie getan. Soll das alles falsch gewesen sein? Da wird mir schwer ums Herz.«	»Das ist mir bewusst, ich möchte Ihnen aber aus folgenden sachlichen Beweggründen widersprechen.«

Kritiker verunsichern, diskreditieren
Der Chef macht sein Gegenüber klein, beruft sich auf längere Erfahrung, verdeutlicht, wie wenig der andere ihm das Wasser reichen kann.

»Arbeiten Sie erst mal 20 Jahre hier, dann sehen wir weiter.«	»Man muss doch nicht Koch sein, um zu erkennen, dass das Essen nicht schmeckt.«

Quelle: Kategorien aus Guenther/Sperber: *Handbuch für Kommunikations- und Verhaltenstrainer*

| Wer rhetorische und Psychotricks durchschaut, kann in einem Gespräch sachlich diskutieren.

können. Sie finden dort auch mögliche Erwiderungen. Selbstverständlich richtet sich Ihr Umgang mit dem jeweiligen Winkelzug auch nach der Beziehung, die Sie zu Ihrem Chef haben.

Achten Sie auch darauf, dass Sie sprachliche Signale nicht überbewerten oder falsch interpretieren. Es ist zwar wichtig, ein Gespür dafür zu entwickeln, wann Gesprächspartner rhetorische Tricks anwenden – aber hören Sie genau hin, damit Sie nicht jedes Kompliment gleich als rhetorischen Trick auffassen.

Die Psychotricks der Vorgesetzten

Zu den rhetorischen Kniffen gesellen sich diverse Psychotricks, die Vorgesetzte manchmal anwenden, um ihre Mitarbeiter zu testen. Des Weiteren benutzen sie verbale Spiele, um die Mitarbeiter zu verführen, mehr von sich preiszugeben, als sie vorher beabsichtigt haben. Oder sie verschaffen sich ein Bild über eventuell vorhandene oder nicht vorhandene zusätzliche Leistungsbereitschaft. Die in der folgenden Übersicht aufgeführten Tricks (der

übersicht

So reagieren Sie auf Psychotricks

Der Bluff

Der Chef lässt im Gespräch mit einer neuen Mitarbeiterin einfließen, er wisse mehr über sie, als sie denkt. Dazu erfindet er Kritik, die ein Ex-Chef geäußert haben soll.

Bsp.: »In unserer Branche erkundigt man sich über die Mitarbeiter bei Ihren ehemaligen Vorgesetzten. Dabei ist mir nicht ausschließlich Positives zu Ohren gekommen.«

Ziel: Die Mitarbeiterin soll Stress ausgesetzt werden, um ihre Belastungsfähigkeit und Souveränität zu testen.

Ihre Reaktion

✔ Fragen Sie nach: Lassen Sie sich das vermeintliche Wissen genauer schildern, fordern Sie Details.

✔ Wenn Sie überrascht sind, zeigen Sie die Überraschung.

✔ Begründen Sie, warum Sie anderer Meinung sind.

✔ Weisen Sie auf Widersprüche hin, wenn Ihnen der Ex-Chef diese Kritik nicht persönlich vorgetragen hat.

Das leere Versprechen

Die Chefin ködert den Mitarbeiter mit einem Versprechen.

Bsp.: »Herr Müller, ich möchte, dass Sie in den nächsten acht Wochen den Bezirk Ost übernehmen. Wenn Sie diese Aufgabe gut erledigen, könnten wir auch über einen Wechsel in die Logistik-Abteilung sprechen.«

Ziel: Die Chefin motiviert den Mitarbeiter zu einer zusätzlichen Leistung mit einem Versprechen. Danach wird sie einen Grund finden, den Mitarbeiter erneut zu vertrösten.

Ihre Reaktion

✔ Das leere Versprechen ist schwer zu durchschauen. Achten Sie deswegen auf den genauen Wortlaut der Chefin oder des Chefs: »Bei Gelegenheit«, »wenn wir mal wieder ein wenig Luft haben« oder »im Zuge der anstehenden Veränderungen« sind Floskeln, die Versprechen als leer erkennen lassen.

✔ Bestehen Sie auf konkreten Verabredungen, die sich nicht verschieben lassen.

übersicht (fortsetzung)

So reagieren Sie auf Psychotricks

Die Erpressung	Ihre Reaktion
Um den Mitarbeiter zu bewegen, einen unliebsamen Job zu erledigen, weist der Chef auf die Lage am Arbeitsmarkt hin.	✔ Weisen Sie die Drohung förmlich zurück: »Ich denke, wir sollten bei der Sache bleiben und uns über die Probleme unterhalten.«
Bsp.: »Herr Schneider, Sie sind nicht zufrieden mit Ihrer neuen Arbeit in der Abteilung für Schadensregulierung? Machen Sie doch die Augen auf, es liegen keine tollen Jobs auf der Straße herum. Und mit Ihrer abgebrochenen Ausbildung werden Sie erst recht nichts Spannenderes finden.«	✔ Vergewissern Sie sich, ob die Aufgabe zu Ihrem Stellenprofil gehört. ✔ Beraten Sie sich mit dem Betriebsrat. ✔ Sehen Sie sich auf dem Arbeitsmarkt um.
Ziel: Der Mitarbeiter soll seine Abhängigkeit vom guten Willen des Chefs spüren. Der Chef nutzt die Arbeitsmarktlage aus, um den Mitarbeiter hin- und herzuschieben.	✔ Fragen Sie Freunde und Bekannte, wie es tatsächlich mit Arbeitsplätzen, die Sie interessieren, aussieht.

Die Verunsicherung	Ihre Reaktion
Die Chefin liebt es, ihre Macht zu demonstrieren, indem sie Mitarbeiter verunsichert.	✔ Reagieren Sie nicht auf die Unterstellung. ✔ Widersprechen Sie ruhig und mit sicherer Stimme.
Bsp.: Die Chefin kommt auf die Kollegin zu, die gerade den neuen Kopierer bedient. »Sie haben noch einige Probleme mit der neuen Technik, nicht wahr?«	✔ Bleiben Sie bei Ihren Fähigkeiten. ✔ Räumen Sie echte Schwächen ein. Es ist ein Zeichen von Stärke, zu Schwierigkeiten zu stehen.
Ziel: Sie testet das Selbstbewusstsein und die -einschätzung der Mitarbeiterin.	✔ Schildern Sie Ihren Plan zur Problembehebung.

übersicht (fortsetzung)

So reagieren Sie auf Psychotricks

Durch Schmeicheln verführen	Ihre Reaktion
Eine Arbeitskollegin wird wegen ihrer Schwangerschaft beurlaubt.	✔ Freuen Sie sich über das Lob. (»Ich freue mich, dass Sie meine Arbeit schätzen.«)
Bsp.: »Sie arbeiten schnell und gut. Deswegen bitte ich Sie, einen Teil der Aufgaben Ihrer schwangeren Kollegin zu erledigen. Ich bin sicher, Sie schaffen das gut und ohne Probleme.«	✔ Wehren Sie sich ruhig und bestimmt gegen die umfassende Mehrarbeit.
Ziel: Einerseits versucht der Chef eine Vertretung zu sparen. Andererseits schmeichelt er und hofft so, dass Sie alles daran setzen werden, ihn nicht zu enttäuschen.	✔ Bieten Sie die Übernahme eines konkreten Teilbereichs an, den Sie noch unterbringen können.
	✔ Weisen Sie darauf hin, dass auch dem Chef nicht daran gelegen sein kann, dass die Qualität der Arbeit leidet.

Drohungen können auch versteckt erfolgen.

Bluff, das leere Versprechen, die Erpressung und andere) bewegen sich sicherlich an der Grenze dessen, was ein Mitarbeiter sich anhören muss. Gerade in Unter-vier-Augen-Situationen testen Vorgesetzte gern die Grenzen und prüfen, wie weit sie gehen können. Vor allem in Situationen, in denen die Grenzen so weit verschoben werden, dass Ihre inneren Alarmglocken schellen, kommt es auf eine klare und entschiedene Grenzziehung Ihrerseits an. Aufgrund des Hierarchieunterschieds müssen Sie immer damit rechnen, dass Ihr Vorgesetzter seine Position Ihnen gegenüber ausnutzt – oder zumindest versucht, sich auf Ihre Kosten einen Vorteil zu verschaffen. Sobald Sie sich stark unter Druck gesetzt fühlen, müssen

Sie sich gezielt dagegen wehren. Wenn Sie beispielsweise. das Gefühl nicht loswerden, Ihr Chef übt immer wieder ungerechtfertigte Kritik im Beisein Dritter, müssen Sie erste Maßnahmen ergreifen und dem einen Riegel vorschieben. Dabei ist es von besonderer Bedeutung, einen Kollegen oder eine Kollegin Ihres Vertrauens hinzuziehen, um erst einmal über den Druck zu reden und eventuelle Maßnahmen besprechen zu können.

Schon dieses erste Gespräch wird Sie spürbar entlasten und Ihnen den Weg ebnen, dem Chef Grenzen zu setzen. Die unten stehende Übersicht ergänzt, was Vorgesetzte dürfen und was nicht.

Der Beziehungstanz mit dem Chef lässt sich nie ganz kontrollieren, da das Rollengefüge ungleich ist. Einmal aus dem Tritt geraten, ist es nur wichtig, den gemeinsamen Takt wiederzufinden

Wehren Sie sich, wenn Sie sich unter Druck gesetzt fühlen.

die rechte der chefs

Was Chefs dürfen	Was Chefs nicht dürfen
✔ Informationen nach Belieben weitergeben oder zurückhalten	✔ den Lohn festlegen, verändern
✔ Anweisungen erteilen	✔ willkürlich entlassen
✔ die tägliche Arbeit einteilen	✔ Arbeitsrecht missachten
✔ Mitarbeiter kontrollieren	✔ bestrafen, wie es ihrer Laune entspricht
✔ Mitarbeiter beurteilen	✔ beschimpfen und beleidigen
✔ Arbeiten delegieren	✔ sexuell belästigen

Perspektivische Gespräche

In diesen Gesprächen geht es um Ihre berufliche Zukunft. Anlässe können zum Beispiel der Einstieg in ein Unternehmen oder der Wunsch nach beruflicher Weiterentwicklung sein. In jedem Fall werden Sie mit Ihrem Vorgesetzten ein genaues Bild Ihrer Ausgangslage entwerfen und die nächsten Schritte besprechen. Es ist wichtig, dass Sie dabei die Initiative behalten und eigene Akzente setzen.

interview

Endlich habe ich die Mühen der Ausbildung hinter mir.
Nach all dem theoretischen Futter brenne ich darauf,
praktisch zu arbeiten. Zum Glück bekam ich sofort bei
einer Betreuungseinrichtung für taubstumme Kinder eine
Anstellung. Ich bin sehr gespannt auf den ersten Tag.
Gleichzeitig mache ich mir auch Sorgen, wie es wohl
wird, wenn ich mich nun in der Praxis bewähren muss.
Ich hoffe, ich kann den Erwartungen meiner Chefin
gerecht werden.

WENN SIE IHREN JOB ANTRETEN

Eine neue Herausforderung beginnt

Endlich ist es soweit: Sie brechen in Ihre berufliche Zukunft auf. Sie sind blendend vorbereitet und voller Erwartungen auf die neue Firma, die Kollegen und die beruflichen Herausforderungen. Ein wenig aufgeregt sind Sie angesichts der neuen Lebenssituation. Vielleicht haben Sie sogar in der Nacht vorher schlecht geschlafen. Sie können ja nie genau wissen, auf welche Bedingungen Sie treffen. Sie betreten die Firma, die Einrichtung, die Dienststelle, die von nun an Ihr zweites Zuhause sein wird. Sie haben frühzeitig nachgefragt, an wen Sie sich wenden müssen, um am ersten Tag empfangen und vor-

beispiel

Fragen, die Sie sich in den ersten Tagen stellen

✔ In welcher Situation (wirtschaftlich, finanziell) werde ich eingestellt?

✔ Wo werde ich mich im Rahmen eines größeren betrieblichen Teams bewegen?

✔ Welches Engagement wird von mir erwartet?

✔ Welche speziellen Anforderungen sind mit meiner Stelle verbunden?

Das Einführungsgespräch

Vorbereitung

Um sich auf das einführende Gespräch vorzubereiten, stellen Sie sich eine Liste all jener Fragen zusammen, die Ihrer Meinung nach geklärt werden müssen. Diese Liste kann sehr umfangreich sein, aber achten Sie drauf, die einzelnen Fragen im Gespräch flexibel einzusetzen. Als Beispiel finden Sie die Liste von Ludgar Hornman. Dieser ist 26 Jahre alt und frisch studierter Rehabilitationspädagoge. Er hat sich Gedanken gemacht, was ihn alles interessiert und wonach er fragen möchte. Selbstverständlich möchte er die Sonderschule für taubstumme Schüler näher kennen lernen, die Schulräume und die Werkstätten. Er spürt, wie sehr er sich nach dem Studium auf die berufliche Herausforderung freut. Den-

gestellt zu werden. Sie spüren trotzdem das Lampenfieber, das mit Ihrer neuen Rolle an einem neuen Schauplatz einhergeht. Zu Arbeitsbeginn melden Sie sich bei Ihrem Vorgesetzten oder einem für Sie verantwortlichen Kollegen. Sie saugen die ersten Eindrücke auf wie ein Schwamm. Eventuell werden Sie mit Blumen willkommen geheißen. Vielleicht versammelt sich die gesamte Abteilung, um Sie zu begrüßen. Möglicherweise stellt der Chef oder die Chefin Ihnen alle Mitglieder der Abteilung in einem Atemzug vor. Anschließend steht ein Rundgang durch die Firma und die einzelnen Abteilungen an. Sie lernen die Assistentinnen und die Verantwortlichen einzelner Unternehmensbereiche kennen. Sie können Fragen zur Firma und den einzelnen Arbeitsbereichen stellen.

Kein Grund zur Nervosität: Das Einführungsgespräch soll eine Hilfestellung sein.

→ checkliste

Fragen an den neuen Arbeitgeber

- ✔ Welche Aufgaben sind wie verteilt?
- ✔ Wie sehen die konkreten Arbeitsaufgaben aus?
- ✔ Welche technischen Mittel stehen unterstützend zur Verfügung?
- ✔ Welche Lernkonzepte werden angewandt?
- ✔ Wie ist das Verhältnis von individueller und gemeinschaftlicher Förderung?
- ✔ Wie entstehen Dienstpläne?
- ✔ Welche Urlaubsregelungen gelten?
- ✔ Wie ist die Regelung zu vermögenswirksamen Leistungen?
- ✔ Wie erhält man möglichst genaue Vorgaben?
- ✔ Wie sehen die Sozial- und Pausenräume für das Personal aus?
- ✔ Wer wird der verbindliche Ansprechpartner sein?

noch zweifelt er, ob er der praktischen Arbeit mit den Kindern auch gewachsen sein wird. Diese Zweifel gehören allerdings zu jedem Einstieg in einen neuen Job. Zu Beginn ist meist noch nicht klar, ob Ihre Fähigkeiten und Fertigkeiten mit den Anforderungen übereinstimmen. Deshalb wünscht sich Ludgar Hornman eine verbindliche Ansprechpartnerin, die ihm in den ersten Wochen unter die Arme greift. So hofft Herr Hornmann Sicherheit zu gewinnen.

Die Begrüßung

Die Leiterin der Einrichtung, Frau Kerkowski, begrüßt ihren neuen Mitarbeiter und bittet ihn zu sich ins Büro. Sie bittet Herrn Hornmann, auf einem Stuhl vor ihrem Schreibtisch Platz zu nehmen und bietet ihm etwas zu trinken an. Herr Hornmann merkt, wie ihn die unaufgeregt-routinierte Art der Chefin beruhigt.

Frau Kerkowski bringt noch einmal zum Ausdruck, wie sehr sie sich freut, dass Herr Hornmann das Team verstärken wird – zumal ein Reha-Pädagoge in dieser Schule erstmals zum Einsatz kommt.

»Ich hoffe auch sehr, dass ich eine Verstärkung sein werde.«

»Nun mal nicht zu bescheiden, Herr Hornmann. Wir haben Sie ja genommen, weil wir fest daran glauben.«

Im weiteren Gesprächsverlauf berichtet die Chefin über die Einrichtung, die Anzahl der betreuten Jugendlichen, das Betreuungs- und Ausbildungskonzept sowie die Organisation der Abläufe und deren Verantwortliche. Parallel zu ihrer Erzählung arbeitet Frau Kerkowski die Unterlagen ab, die Herr Hornmann ihr nach und nach reicht: Lohnsteuerkarte, Versicherungsnachweis, Gesundheitszeugnis. In der Aufregung hat er allerdings vergessen, sein Abschlusszeugnis mitzubringen.

Sollten Sie auch aus anderen Gründen nicht über alle Unterlagen verfügen, sprechen Sie das Problem von sich aus an. Damit zeigen Sie, dass Sie sich um eine Lösung bemühen. Ihre

einführungsgespräch

Problem

Sie fühlen sich nicht genügend willkommen geheißen und sind enttäuscht – Ihre Aufmerksamkeit im Gespräch nimmt ab.

Ihnen unterläuft ein Fehler. Sie geben sich eine Blöße. Ihnen ist etwas peinlich.

Sie sind unsicher, weil Ihnen die Umgebung und Ihr neuer Vorgesetzter fremd sind – darüber vergessen Sie Ihre eigenen Informationswünsche.

Lösung

Lassen Sie sich nicht bereits am ersten Tag von enttäuschten Erwartungen überfluten. Erst wenn Sie dadurch wichtige Gesprächsinhalte verpassen, wirkt sich das zukünftig negativ aus.

Drucksen Sie nicht herum. Entschuldigen Sie sich. Bleiben Sie in der Offensive. Sie dürfen stolpern, aber nicht hinfallen.

Sie sollten eine Liste mit von Ihnen gewünschten Informationen parat haben, die Sie abhaken können.

Vorgesetzten dürfen nicht den Eindruck bekommen, sie liefen Ihnen wegen der Papiere hinterher.

Während der Sitzung

Im Mittelteil des Gesprächs trägt Herr Hornmann zuerst seine eigenen Fragen vor, bevor er von Frau Kerkowski detaillierter mit seinen zukünftigen Aufgaben vertraut gemacht wird. Um dem neuen Kollegen einen Einblick in das zu erwartende Geschehen zu geben, verlassen die beiden das Büro. Von der Küche über die Klassenzimmer bis zu den Werkstätten und dem Lehrerzimmer lernt Herr Hornmann das Haus und die gerade anwesenden Mitarbeiter kennen. Er ist sehr interessiert an den Abläufen, macht einen wissbegierigen und sehr engagierten Eindruck. Manchmal erscheint er der Chefin sogar ein wenig übermotiviert, so dass sie ihn bremsen muss. Als sie ihn seiner Gruppenleiterin vorstellt, die ihn in den folgenden Wochen einarbeitet, wartet er dieser gegenüber mit der Frage auf: »Verbinden Sie bilinguale Konzepte in der Erziehung, lehren also zu gleichen Anteilen gebärdensprachliches und hörverstehendes Verhalten?« »Alles zu seiner Zeit,« unterbricht die Chefin ihn lächelnd. »Das werden Sie früh genug herausfinden.«

Die Gruppenleiterin fasst zusammen, welche Aufgaben Ludger Hornmann in der Gruppe erwarten. Herr Hornman merkt, dass seine Aufregung nachlässt, jetzt, wo er besser einschätzen kann, was auf ihn zukommt.

→ checkliste

Beobachtungen

✔ Beobachten Sie, wie die neuen Kolleginnen und Kollegen miteinander kommunizieren.

✔ Beobachten Sie den Umgang miteinander.

✔ Lassen Sie die neue Umgebung auf sich wirken.

✔ Notieren Sie sich neue Fragen, die Ihnen einfallen.

Abschluss des Gesprächs

Zurückgekehrt ins Büro, teilt Frau Kerkowski Herrn Hornmann mit, welche Team-Sitzungen ihn erwarten und welche Ansprechpartner für welche Probleme vorgesehen sind. Sie klärt ihn über die Brandschutz- und sonstigen Sicherheitsbestimmungen auf und legt ihm ein entsprechendes Papier zur Unterschrift vor. Schließlich fordert sie ihn auf, seine weiteren Fragen vorzubringen. Herr Hornmann schaut auf seinen Spickzettel und erntet ein anerkennendes Wort: »Sie haben sich tatsächlich gut vorbereitet.«

»Na ja«, erwidert Ludger Hornmann, »es ist alles so neu für mich. Ich hatte Angst, die Hälfte zu vergessen.«

Herr Hornmann erhält Antworten auf seine organisatorischen und inhaltlichen Fragen, und das Gespräch nähert sich dem Ende.

Bevor die Chefin und ihr neuer Mitarbeiter auseinander gehen, vereinbaren sie einen neuen Termin. Außerdem will die Chefin nun ihrerseits noch ein paar Fragen beantwortet bekommen:

→ Wie ist Ihr erster Eindruck?

→ Wie sehen Sie nun Ihre neue Aufgabe?

→ Welche zusätzlichen Informationen benötigen Sie?

→ Welche zusätzlichen Hilfen benötigen Sie?

Nicht auf alles kann Herr Hornmann sofort reagieren, aber er verspricht, sich darüber Gedanken zu machen. Die Chefin betont zum Abschluss, wie sehr sie die Sicht des neuen Mitarbeiters interessiere, denn dieser sei (noch) nicht so betriebsblind wie die alteingesessenen Mitarbeiter.

Ein Einführungsgespräch ist eine gute Gelegenheit, den Vorgesetzten kennen zu lernen und Fragen zur Firma zu stellen.

Nachbereitung

Im Anschluss an das Gespräch weiß Ludger Hornmann mehr über sein künftiges Aufgabengebiet und kann sich die Art der Tätigkeit besser vorstellen. Gleichwohl bleibt er weiterhin verunsichert, ob er wohl den Anforderungen der Stelle gerecht werden kann. Immerhin wagt sich die Schule mit ihm auf ein neues Feld vor: Für eine solche Stelle sind ansonsten Sonderschullehrer vorgesehen, nicht Rehabilitationspädagogen.

Zwar versuchte die neue Chefin, es ihm so einfach wie möglich zu machen, aber er spürte doch auch einen leichten Vorbehalt gegen sich. Im Zuge der Sitzungsaufbereitung fertigt Ludger Hornmann ein Gedächtnisprotokoll über die wichtigsten Informationen an und nimmt sich vor,

→ die fehlenden Unterlagen nachzureichen (Abschlusszeugnis),

→ die offen gebliebene Frage nach den methodischen Feinheiten beim nächsten Mal erneut anzusprechen,

→ die Chefin und seine Teamleiterin direkt nach eventuellen Vorbehalten zu fragen und

→ sorgsam auf die betriebliche Atmosphäre zu achten.

Herr Hornmann ist sich im Grunde sicher, die Schule mit mancher Idee bereichern zu können. Er muss sich aber klar darüber werden, dass nicht alle Kollegen diese Ideen sofort willkommen heißen werden. Also muss er für sich einen Weg finden, das Gleichgewicht zu halten zwischen dem tradierten Profil der Schule und seinen eigenen Vorstellungen.

Rückkehr nach längerer Abwesenheit

Durch den gesetzlichen Mutterschutz, ein oder mehrere Erziehungsjahre oder einen längeren Krankenhausaufenthalt kann es passieren, dass Sie Ihrem Unternehmen über einen längeren Zeitraum nicht zur Verfügung stehen. Weitere Gründe für betriebliche Fehlzeiten können innerbetrieblicher Natur sein: belastende Arbeitsbedingungen, Stressfakto-

wichtig

✔ Denken Sie an eine klare Gesprächslinie.

✔ Verwickeln Sie sich nicht in Widersprüche.

✔ Versuchen Sie, offen zu sein, wenn Sie Kritik üben möchten. Nähern Sie sich Ihren Problemen ohne falsche Scham.

✔ Trennen Sie zwischen Ihren Abwesenheitsgründen und eventueller Kritik am betrieblichen Geschehen. Sie können nicht der Arbeit fernbleiben, weil die Chemie zwischen Ihnen und Ihrem Chef nicht stimmt.

✔ Lernen Sie, Ihre Belastbarkeit richtig einzuschätzen.

✔ Überlegen Sie sich Veränderungen, die Ihre Motivation steigern könnten.

Lassen Sie sich nach einer längeren Abwesenheit gründlich auf den neuesten Stand bringen.

ren wie Lärm und schlechte Luft, fehlstrukturierte Arbeitsabläufe oder das Verhalten des direkten Vorgesetzten. Ein Chef, der seine Mitarbeiter mobbt oder auf andere Weise schlecht behandelt, darf sich nicht wundern, wenn diese Mitarbeiter versuchen, sich so oft wie möglich seiner Gegenwart zu entziehen. Doch auch ein schlechtes betriebliches Klima, fehlende Entwicklungsmöglichkeiten oder geringer Lohn sind Gründe, warum die Beschäftigten ihrer Arbeit fernbleiben.

Wenn Sie nun, aus welchem Grund auch immer, zu einem solchen Gespräch nach län-gerer Abwesenheit gebeten werden oder selber darum ersuchen, steht sicher Ihre Arbeitsmotivation im Mittelpunkt.

Wichtig für ein solches Gespräch ist natürlich, dass Ihr Verhältnis zum Chef oder zur Chefin nicht zu sehr belastet ist. Wenn das der Fall sein sollte, empfiehlt es sich, eine dritte, unparteiische Person, die mit dem Sachverhalt vertraut ist, hinzuzuziehen – obwohl Sie darauf kein Anrecht haben und der Chef Ihnen dieses Ansinnen verweigern kann. Entwickelt sich zwischen Ihnen und dem Vorgesetzten ein Konflikt über Ihre Abwesenheit, bedarf es eventuell einer Schlichtung, entweder durch den übergeordneten Vorgesetzten oder ein Mitglied des Betriebsrats. An diesen Stellen werden Sie im Übrigen auch Beschwerden über Ihren direkten Vorgesetzten los,

→ wenn Sie sich über Gebühr drangsaliert fühlen,

→ wenn Sie sich zu Unrecht verdächtigt sehen, der Arbeit fernzubleiben, obwohl Sie immer die erforderlichen Atteste bringen,

→ wenn der Vorgesetzte Ihnen Sanktionen androht,

→ wenn Sie fürchten, bleibende Gesundheitsschäden davonzutragen und

→ der Vorgesetzte Sie ungerechtfertigt abmahnt.

Das Rückkehrgespräch

Vorbereitung

Im folgenden Beispiel werden innerbetriebliche Gründe außen vor gelassen, es wird lediglich geschildert, wie die Rückkehr in den Beruf nach einem Erziehungsjahr ablaufen könnte: Hanna Groß arbeitete fünf Jahre im Büro einer

Versicherungsfirma, bevor sie schwanger wurde. Nach einem Jahr Erziehungszeit sehnt sie sich in ihren Job zurück. Da sie weiterhin das Kind betreuen will, entscheidet sie sich für Kindererziehung und einen Halbtagsjob. Der erste Arbeitstag nach der Ein-Jahres-Frist rückt näher. Frau Groß ist nervös, denn sie befürchtet, in dem einen Jahr technisch abgehängt worden zu sein. Zudem hat die Verschmelzung ihrer Firma mit einer Bank zu organisatorischen Veränderungen geführt: Viele ihrer alten Kollegen arbeiten in anderen Abteilungen, die Controlling-Abteilung ist gewachsen und erhielt innerhalb des Gesamtkonzerns eine neue Führung.

Mit ihrem Mann bereitet sie sich auf das anstehende Gespräch mit ihrem alten und neuen Chef vor. Dabei berücksichtigt sie folgende Überlegungen:

→ Vollzeitstelle oder Teilzeitstelle? Frau Groß beschließt, mit ihrem Chef über eine verkürzte Arbeitszeit zu reden.

→ Betreuung des Kindes. Frau Groß möchte sich während der Arbeit keine Sorgen machen, ob die Tagesmutter das Kind gut behandelt. Sie muss auch damit rechnen, dass ihr Chef nachfragt, wie das Kind versorgt ist.

→ Die berufliche Zukunft. Wie viel beruflicher Ehrgeiz ist machbar? Welche Möglichkeiten stehen Frau Groß offen, wenn sie nur Teilzeit arbeitet?

→ Das Gehalt. Frau Groß rechnet sich aus, dass abzüglich der Betreuungskosten ein Überschuss bleibt. Mit einer Qualifikation ließe sich das Gehalt noch verbessern.

→ Flexible Arbeitszeiten. Durch die Teilzeitarbeit erhofft sich Hanna Groß ein flexibles Arbeitszeitmodell, eventuell mit einer Art Jahresarbeitszeit. Im Vordergrund stünde dann die zu leistende Arbeit, nicht die vor Ort verbrachten Stunden.

→ Veränderte Arbeitsweise. Der Wiedereinstieg macht es möglich, sich neue Ziele zu setzen. Vielleicht ließen sich manche Aufgaben auch in Heimarbeit erledigen.

Während der Sitzung – Teil 1

Gut vorbereitet, aber etwas nervös, trifft Frau Groß ihren alten und neuen Chef zum entscheidenden Gespräch.

Nach dem Ende der Erziehungszeit müssen beider Seiten mit Veränderungen rechnen.

tipps

Beachten Sie folgende Fallstricke

✔ Der Chef scheint nicht glücklich über Ihre Rückkehr zu sein. Klären Sie unter allen Umständen, ob Ihre Rückkehr der Firma gelegen kommt. Zur Not lassen Sie sich Ihr Anrecht auf Rückkehr abfinden und suchen sich eine andere Stelle.

✔ Der Chef versucht unterschwellig herauszufinden, wie viel Motivation Sie mitbringen. Zeigen Sie klares Engagement ohne wenn und aber, ansonsten überlegen Sie, ob es für die Rückkehr noch zu früh ist.

✔ Der Chef versucht, Ihnen Arbeit aufzuladen, die sonst keiner machen will. Verhindern Sie zur Lückenbüßerin gemacht zu werden.

✔ Sie oder der Chef zweifeln an Ihren Fähigkeiten und Fertigkeiten. Beharren Sie auf Fortbildungsmaßnahmen, wenn Ihnen der Abstand zum Beruf zu groß geworden ist.

»Einen wunderschönen, guten Tag, Frau Groß, ich freue mich sehr, dass Sie uns wieder verstärken.«

»Guten Tag, Herr Timm, ich freue mich auch sehr, wieder dabei zu sein.«

»Dann müssen wir ja nur noch die Rahmenbedingungen aushandeln«, erwidert Herr Timm. »Doch wie ich Sie kenne, haben Sie bestimmt schon einen Plan.«

Frau Groß erzählt ihrem Vorgesetzten von ihren Vorstellungen. Sie bespricht mit ihm ihre Karrierepläne und ob ihr diese auch bei einer Teilzeit-Stelle offen stünden. Herr Timm sieht hierin kein Problem. Auf dem Vorschlag flexiblerer Arbeitszeit geht ihr Chef sofort ein, da es auch schon andere Mitarbeiter der Firma gibt, die unter diesen Konditionen arbeiten.

Um ihn zu einer Zusage zu Weiterbildungsmaßnahmen zu bewegen, spricht Frau Groß auch von ihrer Befürchtung, manch neuer Anforderung nicht gewachsen zu sein. »Sie wissen, ich bin in der Versicherung groß geworden. Jetzt plötzlich auch noch Bankgeschäfte. Ich fürchte, ich muss mich in die neue Situation erst hineinfinden.«

Herr Timm reagiert verständnisvoll. Auch für ihn seien die veränderten Verhältnisse nicht leicht. Sie, Frau Groß, werde einfach in die neuen Aufgaben hineinwachsen. Sie müsse ja nicht von heute auf morgen auf dem aktuellen Stand sein. »Ihren Vorschlag nehme ich gerne auf. Wir können uns nach ihrem Arbeitsantritt zusammensetzen und über geeignete Maßnahmen sprechen.«

Nach der arbeitstechnischen Seite schneidet der Chef ein nicht minder wichtiges Thema an: Frau Groß' Kind und dessen Betreuung. »Kommt Ihr Kind denn ohne Sie schon zurecht?«

Hanna Groß überlegt einen Moment, wie ehrlich sie diese Frage an dieser Stelle beantworten kann. Dann entgegnet sie: »Ja, er ist bei meiner Mutter gut aufgehoben, da kann ich ganz unbesorgt sein.«

Während der Sitzung – Teil 2

Nachdem Herr Timm und Frau Groß die formalen Aspekte der Rückkehr geklärt haben, zeigt er ihr das Großraumbüro, in dem inzwischen alle Mitarbeiter sitzen. »Machen wir doch mal eine Runde. Ich stelle Ihnen die Kollegen vor, die Sie noch nicht kennen und zeige Ihnen Ihren neuen Schreibtisch.«

Während des Rundgangs kommt der Chef auf Veränderungen der Betriebsabläufe zu sprechen. Die erweiterten Aufgaben und die Einführung eines datenbankgestützten Softwarepakets haben die Prüfvorgänge einerseits automatisiert, aber andererseits auch verkompliziert. Durch die Datenbank werden noch sehr viel mehr Prüfparameter erfasst. Als Herr Timm seine Darstellung beendet, sieht er, dass er Hanna Groß mit seinen Ausführungen verschreckt hat. »Frau Groß, machen Sie sich bitte keine Sorgen«, wiegelt Herr Timm nun ab. »Ich habe vollstes Vertrauen in Sie. Ich glaube fest daran, dass Sie gewohnt erfolgreich arbeiten werden und sich nicht nervös machen lassen von den zusätzlichen Aufgaben.«

Auf Frau Groß' Bitte hin sagt er zum Abschluss zu, sich in den ersten beiden Monaten regelmäßig alle zwei Wochen mit ihr zu treffen. Dann könne sie ihm mitteilen, wo es gut läuft und wo sie noch ein wenig mehr Unterstützung braucht.

Nachbereitung

Wieder zu Hause angelangt, ist Frau Groß zunächst unsicher, ob der Entschluss gut war, bereits jetzt wieder in den Job einzusteigen. Zwar freut sie sich über den warmen Empfang ihres Chefs. Aber mit so vielen Veränderungen hatte sie nicht gerechnet. Immerhin hat Hanna Groß in dem Gespräch mit dem Chef wichtige Erkenntnisse erhalten.

Die Kenntnis der Schwierigkeiten, die in der ersten Zeit auf eine Wiedereinsteigerin zukommen, ermöglicht die realistische Einschätzung der Situation.

tipps

zum Wiedereinstieg

- ✔ Entscheiden Sie, wie viele Tage/Stunden pro Woche Sie in Ihren Beruf zurückkehren wollen.

- ✔ Vermeiden Sie falsche Erwartungen.

- ✔ Benennen Sie Ihre Sorgen.

- ✔ Fordern Sie betriebliche Begleitung und Unterstützung, wenn Sie zurückkehren.

- ✔ Versichern Sie sich der vollen Unterstützung Ihres privaten Umfelds.

- ✔ Testen Sie die Organisation Ihres Privatlebens unter echten Bedingungen, bevor Sie in den Job zurückkehren.

- ✔ Akzeptieren Sie, dass Sie wieder eine Lernende sind.

interview

> Ich habe mich lange gefragt, wie es bei der schlechten
> Bezahlung und vielen Arbeit mit mir und meinem Beruf
> weitergehen soll. Als dann die Fachklinik, an der ich
> arbeite, ein eigenes Weiterbildungsinstitut eröffnete,
> ergriff ich die Chance, mich zur Psychotherapeutin
> ausbilden zu lassen. Weil Theorie und Praxis auf diese
> Weise eng vernetzt werden können, profitieren sowohl
> die Patienten als auch ich unmittelbar von dieser
> Fortbildungsmaßnahme.

WENN SIE SICH ENTWICKELN WOLLEN

Fragen der Weiterbildung

Um beruflich erfolgreich zu bleiben, müssen Sie sich weiterbilden. Weiterbildung hilft Ihnen, sich mit neuen technischen und organisatorischen Entwicklungen vertraut zu machen. Sie dient aber auch dazu, berufliche Veränderungen in die Wege zu leiten, sich zum Beispiel für anspruchsvollere Positionen zu qualifizieren. Das Spektrum qualifizierender Angebote reicht vom halbtägigen Computerkurs nach der Einführung von EDV-Systemen bis zum mehrjährigen Ausbildungscurriculum. Wie die Übersicht zeigt, fällt auch die Umschulung sowie die Einarbeitung unter das Stichwort berufliche Weiterbildung.

formen beruflicher weiterbildung

Fortbildung	Umschulung	Einarbeitung
✓ um sich mit neuen Technologien vertraut zu machen (Computerkurs)	✓ in andere Ausbildungsberufe (z. B. durch das Arbeitsamt)	✓ informelles Lernen (learning by doing)
✓ um eine qualifiziertere Tätigkeit ausüben zu können (Therapieausbildung)	✓ in andere berufliche Tätigkeiten (im Rahmen betrieblicher Umstrukturierungen)	✓ organisiertes Lernen (durch Anlernen, Praktika, Trainee-Programme)

rechtlicher rahmen weiterbildung

Recht Arbeitnehmer	Gesetzliche Grundlage	Recht Personal-/ Betriebsrat	Gesetzliche Grundlage
Sie haben das Recht auf die Erörterung der Möglichkeiten Ihrer beruflichen Entwicklung im Unternehmen.	§ 82 Abs. 2 BetrVG	Der Betriebsrat hat ein Mitbestimmungsrecht bei der Aufstellung der Maßnahmen zur betrieblichen Weiterbildung.	§ 98 BetrVG

→ checkliste

Fragen zur Klärung Ihrer Weiterbildungschancen

✔ Welchen Weiterbildungsbedarf sehen Sie bei sich?

✔ Könnte sich Ihre Arbeitsleistung durch eine Weiterbildung verbessern?

✔ Welche Weiterbildungen sieht der Tarifvertrag vor?

✔ Welche Weiterbildungen sieht Ihr Arbeitsvertrag vor?

✔ Welche Weiterbildungen werden in Ihrer Firma angeboten?

✔ Welche Weiterbildungen sind Sie bereit, aus eigener Tasche zu finanzieren?

gesehen, wenn den Beschäftigten Arbeitslosigkeit droht oder neue Technologien eingeführt werden.

Über die tarifvertraglichen Regelungen hinaus verfügen Sie selbstverständlich über die Möglichkeit, einen Weiterbildungsvertrag mit Ihrem Arbeitgeber abzuschließen. In einem solchen Vertrag erklärt sich der Arbeitgeber dazu bereit, die Kosten für die Weiterbildung zu übernehmen. Im Gegenzug unterschreiben Sie, Ihrem Arbeitgeber einen vertraglich vereinbarten Zeitraum zur Verfügung zu stehen. Damit erhalten Sie eine sichere Zusage Ihrer Weiterbildung und der Arbeitgeber bekommt garantiert, dass sich die Investition in Ihre Arbeitskraft lohnt.

Sie können einen Weiterbildungsvertrag mit Ihrem Arbeitgeber abschließen.

Bevor Sie bei Ihrem Chef nachfragen, welche Weiterbildungsangebote er Ihnen bieten kann, machen Sie sich mit den in Ihrer Branche geltenden rechtlichen Regelungen vertraut. Mittlerweile existieren vom Öffentlichen Dienst bis zur Metallindustrie Dutzende Vereinbarungen, welche die Weiterbildung der Beschäftigen thematisieren. Diese regeln beispielsweise Freistellung und Finanzierung so genannter Bildungsurlaube. Ein solcher Bildungsurlaub erlaubt den Beschäftigten, innerhalb zweier Jahre für zehn Tage ein Weiterbildungsangebot zu besuchen. Weiterhin sind im Rahmen von Rationalisierungsschutz und Sozialplänen umschulende Maßnahmen vor-

Das Weiterbildungsgespräch

Wie Sie im Folgenden sehen werden, umfasst das Gespräch zu einem bestimmten Thema immer auch andere Themenbereiche. Die Diskussion von Weiterbildung, anderen Beschäftigungsformen und die Frage nach dem Gehalt überschneiden sich.

Vorbereitung

Die Psychologin Conny Volkan arbeitet seit zwei Jahren auf der psychotherapeutischen Station einer privaten Klinik. Es ist die erste Stelle nach ihrem Studium, und sie war damals sehr froh, den Job bekommen zu haben, auch wenn sie trotz Diplom nur wie eine Praktikantin bezahlt wird.

Noch immer herrscht bei Frau Volkan große Unklarheit über ihre Weiterbeschäftigung und ihre Perspektiven in der Klinik. Deshalb bittet sie den Oberarzt der Station, Herrn Wehler, um ein Weiterbildungsgespräch. Da ihre berufliche Zukunft vom Gelingen der Unterredung abhängt, wird Frau Volkan immer aufgeregter, je näher der Gesprächstermin rückt.

Folgende Fragen muss sie mit ihrem Chef klären:

→ Wie sehen die Bedingungen der Weiterbeschäftigung aus?

→ Welche Weiterbildungsmöglichkeiten sind denkbar?

→ Mit welcher Bezahlung kann sie zukünftig rechnen?

Frau Volkan hat nicht ohne Grund um ein Gespräch über ihre weitere Qualifizierung

| Bieten Sie ein stimmiges Konzept an.*

gebeten: Damit signalisiert sie klar, dass sie in der Klinik beschäftigt bleiben möchte. Gleichzeitig ist sie mit der personellen und finanziellen Situation vertraut. Deswegen muss sie selbst mit einem tragfähigen Konzept aufwarten, das ihr Chef gutheißt und das die einzelnen Teilfragen geschickt miteinander verkoppelt. Frau Volkan setzt sich Vorgaben, die sie mindestens erreichen muss, um den Eindruck zu haben, das Gespräch sei erfolgreich verlaufen. Dazu gehören eine klare Beschäftigungszusage, eine Absprache über ihre weitere Qualifizierung und ein Angebot für eine vernünftige Bezahlung.

→ weiterbildungsgespräch

Problem	Lösung
Die Nervosität legt sich nicht.	Konzentrieren Sie sich auf Ihren Text. Beobachten Sie die Reaktionen Ihres Chefs, nicht Ihre eigenen.
Der Chef ist nicht zu Zugeständnissen bereit, zeigt sich skeptisch.	Dranbleiben! Nachfragen, woher die sichtliche Skepsis rührt. Lassen Sie den Vorgesetzten eine andere Lösung vorschlagen. Fordern Sie ihn auf, Stellung zu beziehen.
Ihnen geht der Faden verloren.	Pausieren Sie. Sammeln Sie sich. Schauen Sie in Ihre Notizen.
Der Chef lenkt ab, weicht aus.	Nicht vertrösten lassen! Klare Fragen stellen. Verbindliche Termine einfordern. Es ist nicht Ihre Aufgabe, die Probleme des Chefs zu lösen.

Während der Sitzung – Teil 1

Äußerlich ruhig erscheint Conny Volkan zum Termin. So sehr sie um ihre Aufregung weiß, so gut weiß Frau Volkan inzwischen, dass sie diese prüfungsartigen Situationen meistern kann. Ihre körperlichen Reaktionen kann sie nach und nach aus dem Bewusstsein verdrängen, und sie beginnt sich auf ihr Thema zu konzentrieren.

»Ich möchte mit Ihnen über folgende drei Punkte reden.« Frau Volkan beginnt zielstrebig und ohne Umschweife. Sie erläutert ihre schwierige Beschäftigungs- und Einkommenssituation. Nach jedem Abschnitt pausiert sie. Sie möchte ihrem Chef ermöglichen, auf das von ihr Gesagte zu reagieren. Herr Wehler signalisiert durch Nicken, Handbewegungen und zustimmende Töne, sie solle fortfahren, und er würde ihr weiterhin aufmerksam folgen.

Dadurch gewinnt Frau Volkan zunehmend an Sicherheit.

Während der Sitzung – Teil 2

Im Anschluss an Frau Volkans Ausführungen berichtet Herr Wehler von der allgemeinen Beschäftigungssituation. Die Klinikleitung gedenke wieder einige Stellen zu streichen –

auch wenn er selber kaum wisse, wie dann die Arbeit noch zu schaffen sei. Dem entgegnet Frau Volkan: »Das ändert nichts daran, dass ich für mich eine klare Zusage brauche. Oder ich muss die Klinik verlassen. So wie bisher geht es nicht weiter.«

Der Chef äußert Verständnis und ergänzt: »Ich werde alles in meiner Macht Stehende tun, und Ihnen einen ordentlichen Vertrag anbieten. Aber Sie haben mich doch eigentlich wegen Ihrer Weiterbildung aufgesucht? Jetzt reden wir die ganze Zeit über Anstellung und Einkommen.«

In dieser Situation zieht Conny Volkan ihre Trumpfkarte und wartet mit einem Vorschlag auf: »Ich bin bereit, auf einen Teil meiner Einkünfte zu verzichten, wenn die Klinik sich dazu entschließen könnte, meine Ausbildungskosten zu tragen. Das Institut ist an die Klinik angegliedert, also wären diese Dinge zu verrechnen.«

»Warum sollten wir das tun? Ich muss das vor der Klinikleitung rechtfertigen.«

Frau Volkan überlegt einige Sekunden. Es macht ihr in diesem Moment nichts aus, dass keiner von beiden redet. »Es ist ganz einfach: Die Klinik zahlt mir ein wenig mehr, hat einen Ausbildungsplatz besetzt – und ich kann vor Ort umsetzen, was ich am Institut lerne. Das hilft der Klinik, das hilft mir.«

Der Chef nickt noch einmal und lächelt. Er ist sichtlich überzeugt und erklärt, er werde ihre Pläne sehr gern unterstützen.

Nachbereitung

Frau Volkan fällt ein Stein vom Herzen, als sie sich von ihrem Chef verabschiedet. Sie hat nicht nur den Chef auf ihre Seite gezogen, sie hat ihm durch ihre gezielte Vorbereitung und die innere Klarheit regelrecht eine Brücke gebaut und ihm die Unterstützung des Vorhabens leicht gemacht. Sie hat alles richtig gemacht, denn meist schätzen Chefs Mitarbeiter und Mitarbeiterinnen, die wissen, was sowohl für sie als auch für die Firma gut ist. Weil Frau Volkan sowohl an sich als auch an die Klinik gedacht hat und so eine Win-Win-Situation herstellte, bleibt dem Chef gar nichts anderes übrig, als dem Vorhaben seinen Segen zu geben.

wichtig

So schaffen Sie eine Win-Win-Situation

- ✔ Prüfen Sie die eigene Interessenlage.
- ✔ Prüfen Sie die Interessenlage Ihres Arbeitgebers.
- ✔ Finden Sie Gemeinsamkeiten und Unterschiede.
- ✔ Betonen Sie im Gespräch die Gemeinsamkeiten.
- ✔ Suchen Sie bei unterschiedlichen Standpunkten einen Kompromiss.
- ✔ Reagieren Sie auf skeptische Einwände mit besseren Vorschlägen.
- ✔ Überzeugen Sie, statt zu überreden.

interview

Seit fünf Jahren arbeite ich in einer TV-Produktionsfirma. Die wächst und wächst und wächst — auch durch meine Arbeit. Nun war es an der Zeit, dass sich der Firmenchef mir gegenüber erkenntlich zeigt. Bisher hat er mich immer nur vertröstet, auf die hohen Anfangskosten hingewiesen, den schwankenden Markt, die laufenden Investitionen. Zugegeben, ich verdiene nicht schlecht, aber ich wollte stärker an den Erfolgen beteiligt werden. Und das habe ich erreicht.

WENN SIE IHR GEHALT VERBESSERN MÖCHTEN

Warum wollen Sie mehr Geld?

Gespräche über die eigenen Einkünfte zu führen, gehört zu den eher schwierigen Unternehmungen im Berufsleben. Planen Sie eine solche Zusammenkunft, denn sie kann als Test für Ihr Fortkommen in der Firma, Ihre Durchsetzungsfähigkeit und die Anerkennung des Chefs insgesamt gelten.

Ausgangspunkt dafür, ein Gehaltsgespräch zu vereinbaren, ist sicherlich die von Ihnen empfundene Schere zwischen Ihrer Arbeitsleistung und Ihrer Entlohnung. Während Ihre Leistung in den letzten Jahren gewachsen ist und Sie immer wertvoller für die Organisation

tipps

Steuerbegünstigte Extraleistungen*

✔ Der Weg zur Arbeit: Die Bahncard oder das Job-Ticket kann Ihnen der Chef steuerfrei drauflegen.

✔ Zuwendungen für besondere Anlässe: Hochzeit und die Geburt eines Kindes erlauben dem Chef eine Spende bis zu 700 DM.

✔ Firmenbeteiligungen: Mitarbeiter dürfen bis zu einem Nachlass von 300 DM steuerfrei an Aktien beteiligt werden.

✔ Sachzuwendungen: Kinogutscheine, Theaterkarten, Squash-Center – mit bis zu 50 DM im Monat können Chefs ihre Angestellten fördern.

✔ Massagen/Checkups: Der Chef kann Rechnungen eines Arztes bis zu 1 000 DM übernehmen, ohne dass für Sie oder ihn weitere Kosten entstehen.

✔ Steuerfreie Zuschüsse: Ob ein Kindergartenplatz oder eine Fortbildungsreise inklusive Kursgebühren, den Chef kosten diese Leistungen weniger als eine Lohnerhöhung, für die Lohnnebenkosten anfallen und von der Ihnen sowieso nur ein Bruchteil aufs Konto überwiesen wird.

* Quelle: www.focus.de

wurden, stagniert Ihre Beteiligung am Erfolg des Unternehmens. Genau dann ist es an der Zeit, sich mit Ihrem Vorgesetzten zusammenzusetzen.

Vor einem Gehaltstermin informieren Sie sich unbedingt, wie hoch die Gehälter in Ihrer Branche üblicherweise sind. Eine Orientierungshilfe liefern Gehaltsübersichten im Internet – bei verschiedenen Jobbörsen, Personalberatern und Karriereseiten (siehe Service). Manche Anbieter ermöglichen einen Gehaltscheck. Wichtige Marker für Ihre Einschätzung sind die Branche, die Größe des Unternehmens, die Stellung am Markt, die gegenwärtige wirtschaftliche Lage, Ihre Ausbildung und Ihre Fachkompetenz.

In die Berechnung gehen auch diverse Extraleistungen durch den Arbeitgeber ein: Firmenwagen, Fahrtkostenersatz, vermögenswirksame Leistungen, Firmendarlehen oder den

Verschaffen Sie sich vor dem Gespräch einen Überblick über die Gehälter in Ihrer Branche.

privaten Gebrauch des dienstlichen Telefons müssen Sie bei der Betrachtung der gegenwärtigen Einkünfte berücksichtigen.

Die Strategie für mehr Geld

Vorab sollten Sie sich eine kleine Liste mit all jenen Punkten anfertigen, die aus Ihrer Sicht für mehr Gehalt sprechen. Dazu gehören zum Beispiel absolvierte Weiterbildungen, Übernahme von Verantwortung oder die eigenständige Durchführung von Projekten. Gehen Sie dabei systematisch vor, und bringen Sie Ihre Begründungen in eine Rangordnung.

Heben Sie sich Ihre wichtigsten Argumente bis zum Ende des Gesprächs auf.

→ **aktiv werden**

Stellen Sie sich Ihren Chef vor, und beantworten Sie sich folgende Fragen

✔ Wofür ist er empfänglich?

✔ Worüber lacht er?

✔ Welche Themen liegen ihm?

✔ Welcher Moment ist bei ihm günstig (morgens, mittags, abends)?

✔ Worüber redet er gerne?

✔ Welches Verhältnis hat er zum Geld?

✔ Wie redet er über die betrieblichen Finanzen?

✔ Worauf reagiert er unwirsch?

Später, im Gespräch, heben Sie sich die wichtigsten Argumente bis zum Ende auf. Bedenken Sie bei der Gestaltung Ihrer Strategie: Ihr Chef wird Ihnen das Gehalt nicht für die tolle Leistung in der Vergangenheit erhöhen. Sie müssen ihm schon plausibel erklären, warum Sie in der Zukunft mehr Geld bekommen sollen – und wie sich das in Ihren zukünftigen Leistungen ausdrückt. Entscheidend für ein Gehaltsgespräch ist der richtige Zeitpunkt. Günstig sind sowieso anstehende Tarifverhandlungen, oder das Ende eines konkreten Projekts. Hilfreich können auch Jahresgespräche sein, die sich in vielen Branchen mehr und mehr durchsetzen. Ein Gehaltsgespräch in wirtschaftlich schwierigen oder hektischen Zeiten zu führen, setzt den Vorgesetzten im falschen Moment unnötig unter Druck. Treffen Sie Ihren Chef in einer entspannten Situation, werden Sie sehr viel eher auf sein Wohlwollen stoßen. Ist er in Geberlaune, kommt er auch Ihnen entgegen. Denken Sie vor allem daran, dass überzeugende Argumente allein nicht ausreichen. Sie müssen auch Wohlwollen und Sympathie erzeugen, wenn Ihr Ansinnen nicht auf taube Ohren stoßen soll.

Vermeiden Sie unter allen Umständen, mit der galoppierenden Inflation, dem gestiegenen Unterhalt für Ihr Kind oder dem gestiegenen Gehalt einer Kollegin zu argumentieren. Sie werden für Ihre Leistung entlohnt. Halten Sie Ihre Forderungen im Rahmen. Mehr als zehn Prozent Erhöhung sollten Sie gar nicht erst in Betracht ziehen, wenn Sie Ihren Chef nicht gegen sich aufbringen wollen.

Unter keinen Umständen dürfen Sie versuchen, Ihren Chef zu erpressen. Niemand ist so wichtig, dass er nicht ersetzt werden könnte, auch wenn die Kosten dafür höher sein sollten als eine Gehaltserhöhung. Wenn Sie mit der Konkurrenz drohen, dann wird ein guter Chef Sie genau dorthin gehen lassen, denn Loyalität kann er von Ihnen nicht erwarten. Sie werden für Ihre Leistung und Ihre Verbundenheit mit dem Unternehmen bezahlt.

Entwickeln Sie nun aus diesen Hinweisen eine klare Linie, wie Sie Ihrem Chef gegenübertreten wollen. Je nach kommunikativem Klima gehen Sie zielstrebig auf Ihr Ziel zu, oder Sie nähern sich über ein Pufferthema, das Sie vorschieben: Beispielsweise könnten Sie um ein Beurteilungsgespräch bitten und im Rahmen dessen dann auch über Ihre Vergütung reden.

tipps

Punkte, die Sie im Auge behalten sollten

- ✔ Bedenken Sie die wirtschaftliche Situation.

- ✔ Verlangen Sie nicht unverschämt viel mehr; mehr als zehn Prozent Lohnerhöhung sollten Sie nicht in Betracht ziehen.

- ✔ Wecken Sie schon vor dem Gespräch die Aufmerksamkeit des Vorgesetzten durch sehr guten Einsatz und korrekte Arbeit. So nehmen Sie ihm mögliche Kritikpunkte aus der Hand.

- ✔ Drohen und erpressen Sie nicht, überzeugen Sie.

- ✔ Vermeiden Sie den Hinweis, die Kollegin oder der Kollege verdiene viel mehr Geld.

- ✔ Argumentieren Sie nicht mit Ihrer finanziellen Notlage.

- ✔ Machen Sie den Chef darauf aufmerksam, welche Vorteile die Firma durch Sie auch weiterhin haben wird.

- ✔ Vereinfachen Sie dem Chef den Entscheidungsprozess durch klare finanzielle Fakten, erworbene Qualifikationen und konkrete Ziele.

- ✔ Verlangen Sie eine klare Aussage von Seiten des Chefs in Bezug auf den Termin der Gehaltserhöhung.

! tipps

für eine erfolgreiche Strategie

- ✔ Orientieren Sie sich an der eigenen (zukünftigen) Leistung.

- ✔ Bereiten Sie sich gründlich auf alle denkbaren Einwände Ihres Chefs vor.

- ✔ Nehmen Sie eventuelle Gegenargumente vorweg.

- ✔ Lassen Sie sich nicht durch Widerstand aus dem Konzept bringen.

- ✔ Benennen Sie die Vorteile für das Unternehmen.

- ✔ Seien Sie flexibel.

- ✔ Haben Sie mehrere Varianten für eine Gehaltssteigerung parat.

Wenn Sie sich Ihrer eigenen Leistungen sicher sind, liefert die Beurteilung eine gute Vorlage, zukünftig mehr Gehalt zu fordern.
Die erfolgreiche Strategie zeichnet sich dadurch aus, dass Sie Ihrem Chef das Gefühl vermitteln, selber derjenige zu sein, der einen Vorteil daraus zieht. Niemand kennt die Arbeit, die Sie leisten, besser als Sie. Niemand weiß also besser, an welchen Stellen sich Ihre Aufgaben vorteilhafter organisieren lassen. Sie haben es in der Hand, Ihren (Mehr)-Wert zu erkennen und zu benennen.

Das Gehaltsgespräch

Ralf Hühstedt hielt lange still, bevor er seine Chefin um eine Erhöhung der Bezahlung bat. Mehrere Anläufe bügelte sie mit einem Hinweis auf die Kosten und die anderen Beschäftigten ab. Dabei schallt ihm ihr oft wiederholtes Lob wie Hohn in den Ohren: »Ralf, du bist einer meiner Besten. Auf dich kann ich mich immer verlassen.«
Manchmal stellte sich bei dem 30-Jährigen der Verdacht ein, die Chefin verteile diese Komplimente nur deshalb so großzügig, um sich damit einer finanziellen Beteiligung am Erfolg zu entziehen. Die Firma, die für verschiedene Sender Unterhaltungsformate produziert, wächst seit ihrer Gründung um jährlich 20 Prozent. Herrn Hühstedts Gehalt

Geben Sie im Falle eines Misserfolges nicht auf. Mit guter Nachbereitung ist der nächste Versuch erfolgreicher.

tipps

Was Sie beim Gehaltsgespräch vermeiden sollten

✔ Unrealistische Forderungen, die leicht abzuweisen sind.

✔ Halten Sie sich zurück, mit den Gehältern der Kollegen zu argumentieren. Dieses Wissen nützt Ihnen beim Chef nichts. Es bringt den Chef nur gegen Sie auf und schafft eventuell sogar Unruhe in der Firma.

✔ Verbummeln Sie die Zeit des Chef nicht durch weitschweifiges Aufzählen Ihrer Vorzüge.

✔ Provozieren Sie Ihren Chef nicht, wenn er sich Ihnen und Ihren Vorschlägen gegenüber zugeknöpft zeigt. Auch Beleidigungen und Überreaktion sind nicht angebracht.

✔ Argumentieren Sie niemals mit Ihren eigenen finanziellen Schwierigkeiten oder höheren Benzinpreisen. Das macht Sie angreifbar. Sie verlassen damit den beruflichen Bereich. Auch Kinder und Bankschulden sind schlechte Argumente.

✔ Drohen Sie nicht, die Firma zu verlassen: Im Zweifelsfall könnte Ihr Vorgesetzter Sie beim Wort nehmen.

wurde aber nur ein einziges Mal angehoben, um zehn Prozent.

Vorbereitung

Herr Hühstedt bittet seine Chefin, mit ihm Mittag essen zu gehen. Die beiden haben ein entspanntes Duz-Verhältnis, was die Dinge gerade in Bezug auf seine Entlohnung nicht vereinfacht. Die übliche Strategie der Chefin ist, an die loyale Seite von Ralf Hühstedt zu appellieren und ihn auf eine nicht näher bestimmte Zukunft zu vertrösten. Um die angenehme Arbeitsatmosphäre und die harmonische Beziehung zu seiner Vorgesetzten nicht zu trüben, vertrat er seine Anliegen bisher nicht vehement genug.

Deswegen beschließt er, diesmal andere Töne anzuschlagen und sich unter keinen Umständen einlullen zu lassen. Auch nimmt er sich vor, alle Versuche abzuwehren, die darauf abzielen, ihn in diese Wir-sitzen-doch-alle-in-einem-Boot-Stimmung hineinzuziehen. Diesmal möchte er seine Interessen durchsetzen. Deswegen listet er akribisch die für die nächsten zwölf Monate geplanten Projekte auf und macht sich Gedanken, aufgrund welcher Erfahrungen er Ziele zukünftig anders und besser umsetzen kann. Wenn die Chefin ihm ein wenig mehr Gestaltungsspielraum ließe, könnte manche Entwicklungsaufgabe innerhalb einer Produktion reibungsfreier gestaltet werden. Herr Hühstedt wäre auch bereit, mehr Verantwortung zu übernehmen.

Während des Gesprächs – Teil 1

Herr Hühstedt und seine Chefin, Anja Kandler, sitzen in einem italienischen Restaurant. Der

→ gehaltsgespräch

Problem	Lösung
Ihr Chef reagiert unerwartet. Er bringt Sie völlig aus dem Konzept.	Halten Sie inne, bevor Sie reagieren. Finden Sie Ihre Linie wieder. Denken Sie an Plan B.
Ihr Chef verwendet Ihre Argumentationen gegen Sie: »Warum arbeiten Sie nicht schon längst so effizient, wie Sie es jetzt für die Zukunft vorschlagen?«	Antworten Sie im Sinne Ihrer Linie: »Bestimmte Ideen kommen erst mit zunehmender Erfahrung. Abläufe zu verändern bedarf der Vorbereitung.«
Sie geraten in Erklärungsnot.	Gewinnen Sie Bedenkzeit. Reagieren Sie offensiv. Stellen Sie eine Gegenfrage. Bitten Sie um eine nähere Erläuterung. Wechseln Sie kurzfristig, aber geschickt das Thema.

Angestellte erklärt der Chefin, warum er sich außerhalb der Firma mit ihr treffen wollte: weniger Hektik, weniger Unterbrechungen, Distanz zum Alltagsgeschäft, um etwas unbeeinflusster miteinander zu verhandeln. Nach der Essensbestellung unterhalten sich beide über zukünftige Projekte, vertraglich bereits gesicherte und ungesicherte Produktionen. Als Produktionsleiter unterbreitet Herr Hühstedt eine Reihe von Vorschlägen, wie Abläufe gestrafft werden könnten. Doch dann kommt er zum Eigentlichen: »Ich will 500 DM mehr, netto.« Frau Kandler verschluckt sich fast. »Du bist verrückt!« Sie blickt ihm prüfend in die

Augen, er hält ihrem Blick stand. Sie schüttelt den Kopf.
Doch Ralf Hühstedt ist vorbereitet: Er hatte mit dieser Reaktion gerechnet.

Während des Gesprächs – Teil 2
»Also«, sagt Anja Kandler, »ich finde deine Vorschläge, die Produktionen zu straffen viel versprechend. Aber deine Lohnforderung ist utopisch.«
»Ich habe nicht damit gerechnet, dass du begeistert bist. Deswegen habe ich mir eine echte Alternative überlegt. Ich will nämlich, dass die Firma einfach den Kindergartenplatz für meine

Tochter finanziert. Dabei fallen keine Lohn-nebenkosten an. Und ich muss dafür keine Steuern zahlen. Wir haben also beide etwas davon.«

Jetzt ist Frau Kandler verblüfft. Sie überlegt kurz und nickt: »Ich sollte dich beauftragen, die Verhandlungen mit den TV-Firmen zu führen.«

»Du bist diejenige, die mich zu ihren Besten zählt. Ich bin bereit für neue Herausforderun-gen«, erwidert Herr Hühstedt.

»Ich rede mit der Buchhaltung – und erkundi-ge mich, was sich machen lässt«, sagt die Chefin am Ende des Gesprächs. »Wir treffen nächsten Dienstag die endgültige Vereinbarung. Erin-nere mich daran!«

Nachbereitung

Herr Hühstedt verabschiedet sich sichtlich zufrieden von seiner Chefin. Er wusste, dass sie ihn nicht völlig abblitzen lassen konnte. Deswegen startete er mit einer Maximalfor-derung, die die Chefin ablehnen musste. Seine Idee, sich eine geldwerte Extraleistung zu erhandeln, relativierte die anfängliche Nettoforderung. Mit dieser Strategie gelang es Herrn Hühstedt sogar, eine klare Termin-absprache von einer Chefin zu bekommen, die ihm bisher immer wieder ausgewichen war.

Im Falle eines Misserfolgs, den Sie nicht völlig ausschließen können, geben Sie nicht auf. Schreiben Sie ein Gedächtnisprotokoll, und halten Sie fest, was Ihr Chef an Einwänden vorbrachte und warum er schließlich Ihr Ersuchen negativ beschied. Die folgenden Tipps sollen Ihnen helfen, Mut für das nächste Mal zu fassen:

→ Bleiben Sie dran.

→ Vermeiden Sie eine Frustreaktion.

→ Vereinbaren Sie sofort einen Zeitpunkt für einen neuen Termin.

→ Berücksichtigen Sie dann die Einwände.

→ Bitten Sie um konkrete Zielvorgaben.

→ Geben Sie Ihrem Chef keine weitere Chance Sie abzuwimmeln.

→ Wenn es dennoch geschieht, überlegen Sie, ob es sich lohnt, gegebenenfalls zur Konkurrenz zu wechseln.

Eine kompetente Verhandlungsführung ist auch gut für die Karriere.

Feedbackgespräche

Ob in Gesprächen zur Beurteilung, bei Konflikten oder im Klimagespräch – wenn Ihr Chef und Sie sich wechselseitig mitteilen, was Sie gut und was Sie schlecht finden, bringt das die Arbeit, die Organisation und Ihre Beziehung voran. Gelungenes Feedback verkleinert die Reibungsverluste, fördert die Motivation und steigert schließlich die Leistung.

interview

> Für seine Arbeitsleistung beurteilt zu werden, ist nicht weiter tragisch. Ich möchte ja erfahren, ob das, was ich leiste, gut ankommt und die Firma voranbringt. Klar, Lob zu ernten ist sicherlich angenehmer als mal wieder zu hören, was nicht so gut ankam. Aber im Großen und Ganzen sehe ich in diesen Jahresgesprächen nur Vorteile für unser Haus. Ich weiß hinterher, woran ich bin, und die Chefin konnte sich auch ein Bild von der Lage machen.

WENN SIE BEURTEILT WERDEN

Ohne Rückmeldung keine Leistung

Feedback über Ihre Leistung, Ihr Auftreten, den Eindruck, den Sie in Ihrer Firma machen, gehört zum beruflichen Alltag. Ihr Chef hat großes Interesse daran, Sie wissen zu lassen, welche Arbeit Sie gut und welche Sie noch nicht so gut bewältigen.

Ob Sie ein Projekt abschließen, einen Arbeitsvorgang beenden, die Planvorgaben übertreffen oder erfolgreich einen Kunden beraten – in der Mehrheit der Fälle ist ein solches Ereignis ein Grund, um sich mit dem Vorgesetzten zu besprechen. Aber auch Ihre

 **feedback**

Beispiele für Feedback

Personenbezogenes Feedback	Sachbezogenes Feedback
Ich bin sehr zufrieden mit Ihnen.	Die Zahl Ihrer Abschlüsse hat sich verdoppelt.
Ich wünschte mir, Sie würden ab und zu eine eigene Idee einbringen.	Ich kann Ihren Projektvorschlag so noch nicht akzeptieren.
Ich muss Sie bitten, morgens wieder pünktlicher zu erscheinen.	Ohne eine genauere Analyse der Inhalte kommen wir doch nicht weiter.
Ich möchte Ihnen vorschlagen, Ihre Verhandlungstaktik zu überdenken.	Sie haben einen interessanten Seminarplan aufgestellt. Bitte erweitern Sie ihn um einen Punkt: Kommunikation im Unternehmen.
Ich finde es toll, wie Sie sich in die schwierige Materie eingearbeitet haben.	Das Angebot muss sofort umgeschrieben werden.

Arbeitshaltung, ob Sie zu spät kommen oder unausgeschlafen sind, ob Sie zu viele Überstunden machen oder häufig fehlen, gibt dem Chef Anlass, Ihnen ein kurzes Feedback zu geben.

Die unmittelbare Rückmeldung erzielt direkte Wirkung. Zuerst einmal merken Sie, dass auf Ihre Arbeit Wert gelegt wird. Werden Sie gelobt, bessert das Feedback Ihre Laune. Tadelt der Chef Sie mit seinem Feedback, verdirbt es Ihnen womöglich die Stimmung. Allerdings beginnen Sie in diesem Moment vielleicht auch, sich neue Vorgehensweisen zu überlegen. Mit Hilfe der Rückmeldung nehmen Sie eine Kurskorrektur vor. Sie können Unstimmigkeiten und Ungereimtheiten im Arbeitsablauf beseitigen, bevor sie sich zu größeren Fehlern addieren.

Auch Ihr Chef profitiert von Ihrem unmittelbaren Feedback. Er erfährt, wo Sie stehen, welchen Schwierigkeiten Sie begegnen und welche Vorschläge Sie haben, um Arbeitsabläufe zu verbessern.

Rückmeldungen beeinflussen auf der sachlichen und der persönlichen Ebene die Atmosphäre im Unternehmen. Als Form innerbetrieblicher Kommunikation sorgen Rückmeldungen dafür, Missverständnisse möglichst frühzeitig aus dem Weg zu räumen oder sie gar nicht erst aufkommen zu lassen. Misslungene Rückmeldungen können natürlich das Gegenteil bewirken.

So verläuft ein Jahresgespräch

Neben dem alltäglichen Feedback verfügen Vorgesetzte über ein weiteres Instrument, Einschätzungen Ihrer Arbeitsleitung zu kommunizieren und Ihnen Ihre Chancen im Unternehmen aufzuzeigen: das meist jährlich stattfindende Feedback- oder Jahresgespräch.

Diese Gespräche gehören für Vorgesetzte zu den schwierigsten überhaupt, denn hier müssen sie Farbe bekennen. Aber auch Sie sind gefordert: Sie müssen sich zumindest einmal anhören, welchen Anstrich Ihr Chef Ihrer Arbeitsleistung, Ihrer Eingliederung und Ihrem Verhalten im Unternehmen gibt.

Das Jahresgespräch kann zwischen einer und zwei Stunden dauern. Je nach Firma und Vorgesetztem können sich bis zu drei verschiedene Gesprächsphasen ergeben.

In Phase A wird eine Soll-Ist-Analyse Ihrer Leistungen vorgenommen. Sie ermitteln gemeinsam mit Ihrem Chef, in welchen Leistungsbereichen Sie gut und in welchen Sie nicht so gut gearbeitet haben. In Phase B befinden Sie sich, wenn Ihr Chef einen bestimmten Entwicklungsbedarf sieht oder Sie das Thema Weiterbildung ansprechen. In diesem Teil des Gesprächs reden Sie gemeinsam über Ihre Möglichkeiten. In Phase C besprechen Sie Leistungs- und Entwicklungsziele. Dabei sollten die Ziele realistisch und realisierbar sein, an Personen gebunden, aufeinander abgestimmt, mess- und kontrollierbar sein. Zu einer Zielvereinbarung kommt es also dann, wenn sich Ziele konkret benennen lassen: höhere Stückzahlen, geringere Kosten,

übersicht

Drei mögliche Phasen des Mitarbeitergesprächs

Phase A	Leistungsbeurteilung	Ziel: bewerten, korrigieren, optimieren, bestätigen und sanktionieren erbrachter Leistungen; motivieren für zukünftige Leistungen
Phase B	Potenzialbeurteilung	Ziel: Aus- und Weiterbildungsbedarf ermitteln, zukünftige Einsatzmöglichkeiten prüfen, Entwicklung fördern
Phase C	Zielvereinbarung	Ziel: konkrete Leistungsabsprachen für den nächsten Beurteilungszeitraum vereinbaren

Fixieren Sie Zielvereinbarungen unbedingt schriftlich.

mehr Kunden, verkürzte Lieferzeiten, genauer Projektzeitplan, Art der Qualifizierung oder Verbesserung der Sicherheit am Arbeitsplatz. Die Zielvereinbarung sollte unbedingt schriftlich fixiert werden.

Anlässe einer Beurteilung

Üblicherweise wird Feedback im Rahmen von betrieblichen Jahresgesprächen vorgenommen. Ein anderer Grund für die Chefin oder den Chef, ein Beurteilungsgespräch anzusetzen, ist der Wechsel des direkten Vorgesetzten. In dieser Situation kann der Mitarbeiter um ein Zwischenzeugnis bitten und um ein Gespräch.

Wie beurteilt Sie Ihr Chef – wie beurteilen Sie sich?

Ihr Chef verfügt in einem solchen Gespräch über verschiedene Möglichkeiten: Die Leistungseinschätzung kann in freier Eindrucksschilderung mithilfe eines Leitfadens oder standardisierten Beurteilungsbogens erfolgen. Auch wenn ein Beurteilungsgespräch durchaus *Teil* eines Jahresgesprächs sein kann,

checkliste

Anlässe für ein Beurteilungsgespräch

- ✔ Kurzbeurteilung nach drei Monaten im neuen Job bzw. Beurteilung vor Ablauf der Probezeit, um die Übernahme in einen unbefristeten Vertrag zu klären
- ✔ Jahresgespräche
- ✔ Erstellung eines Zwischenzeugnisses
- ✔ Ausschüttung außertariflicher Zulagen
- ✔ Gehaltserhöhungen
- ✔ Wechsel des Vorgesetzten
- ✔ interner Arbeitsplatzwechsel des Mitarbeiters
- ✔ Veränderung der Verantwortungsbereiche

bestehen zwischen beiden Gesprächsformen gravierende Unterschiede.

Ein *Beurteilungsgespräch* wird mithilfe von Formbögen und festgelegten Kategorien durchgeführt, die ein »Benotungssystem« enthalten. Da es sehr aufwändig ist, einheitliche Kriterien zu schaffen, entwickeln meist nur sehr große Unternehmen mit ihrem Betriebsrat dieses System. Die Verwendung der Bögen und das Vorgehen im Gespräch sind bei einem Beurteilungsgespräch vorgeschrieben. Die Bögen werden, für Mitarbeiter einsehbar, in ihrer Personalakte abgelegt. Häufig ist ein Gehaltsgespräch mit dem Beurteilungsgespräch verknüpft.

Ein *Jahresgespräch* ist flexibler und wird von vielen Unternehmen eingesetzt. Direkter Vorgesetzter und Mitarbeiter treffen sich einmal pro Jahr, meistens zu Jahresbeginn, und besprechen das vergangene und das kommende Jahr. Es steht nicht so sehr die Beurteilung im Mittelpunkt als fachliche Aspekte und die Qualität der Zusammenarbeit (Was lief gut in der Abteilung, bei den Projekten? Was ließe sich verbessern und wie?). Ein möglicher wei-

➡ **ü b e r s i c h t**

Rechtlicher Rahmen der Beurteilung

Recht Arbeitnehmer	Gesetzliche Grundlage	Recht Personal-/ Betriebsrat	Gesetzliche Grundlage
Sie haben das Recht nach den »Grundsätzen von Recht und Billigkeit« behandelt zu werden. Unterschiedliche Behandlung wegen Ihrer Abstammung, Religion, Nationalität, Herkunft, politischer Betätigung oder Einstellung muss unterbleiben.	§ 75 Abs. 1 BetrVG	Der Betriebsrat hat das Recht auf Mitbestimmung und Mitgestaltung der Grundsätze der Personalbeurteilung.	§ 94 Abs. 2 BetrVG

übersicht (fortsetzung)

Rechtlicher Rahmen der Beurteilung

Recht Arbeitnehmer	Gesetzliche Grundlage	Recht Personal-/ Betriebsrat	Gesetzliche Grundlage
Sie haben das Recht auf freie Entfaltung und Förderung Ihrer Persönlichkeit. Das Beurteilungsgespräch darf Ihre Persönlichkeitsrechte und Ihre Würde nicht verletzen.	§ 75 Abs. 2 BetrVG,	Bei Verstößen gegen § 75 Abs. 2 BetrVG und gegen das Grundgesetz hat der Betriebsrat Sanktionsmöglichkeiten. Die Maßnahmen reichen vom Unterlassungsanspruch bis zum Ordnungsgeld.	§ 23 Abs. 3 BetrVG
Haben Sie das Gefühl, im Gespräch ungerecht behandelt oder beurteilt worden zu sein, sprechen Sie Ihren direkten Vorgesetzten, den nächsthöheren Vorgesetzten oder gegebenenfalls den Betriebsrat an.	§ 85 BetrVG	Bei Meinungsverschiedenheiten mit dem Arbeitgeber über eine ungerechtfertigte Beurteilung kann der Betriebsrat die Einigungsstelle einschalten. Diese entscheidet über die Berechtigung der Beschwerde, sofern nicht ein Rechtsanspruch Gegenstand der Beschwerde ist.	§ 85 Abs. 1 BetrVG
Sie haben das Recht auf eine Beurteilung Ihrer Leistungen. Sie können ein Mitglied Ihrer Wahl des Betriebsrats zu dem Gespräch hinzuziehen.	§ 82 Abs. 2 BetrVG		

Das Spektrum der Beurteilungskriterien entscheidet auch über die Länge des Gesprächs.

terer Aspekt des Jahresgesprächs kann die persönliche Entwicklung des Mitarbeiters sein (In welche Richtung möchte ich mich weiterentwickeln? Welche Tätigkeitsbereiche des vergangenen Jahres fand ich besonders interessant, und welche Schulungen könnte ich besuchen, um mein Können in diesen Bereichen zu vertiefen? Bis wann möchte ich mir mehr Kenntnisse angeeignet haben? ...).
In manchen Unternehmen gibt es einen Leitfaden für Jahresgespräche, der zur Orientierung dient, aber Abweichungen gestattet.

Dabei ist das Gespräch keine Einbahnstraße: Ihr Chef wird Sie auffordern, auch Ihre Sicht der Dinge zu schildern. Sie haben dann die Chance, Probleme zu beschreiben oder Faktoren, die Ihre Leistung gefördert oder beeinträchtigt haben. Weicht Ihre Beurteilung der eigenen Leistungen von der Ihres Vorgesetzten ab, können Sie Ihre Darstellung zu Protokoll nehmen lassen.

Rechtliche Aspekte

Das Mitarbeitergespräch entscheidet über Ihr berufliches Fortkommen. Entsprechend sensibel sind die zu besprechenden Angelegenheiten. Die Situation ist anfällig für eine schlechte Gesprächsatmosphäre, wenn Sie und Ihr Chef sich nicht besonders gut verstehen. Deswegen wird jede Form der Beurteilung von mehr gesetzlichen Regelungen umrahmt als die anderen Gespräche, die in diesem Buch besprochen werden.

Gesprächsvorbereitung

Kriterien der Beurteilung

Ausschlaggebend für Ihre Gesprächsvorbereitung sind die Kriterien, nach denen Ihr Chef Sie einschätzt. Die Palette möglicher Kriterien reicht von Ihrer Leistungsbereitschaft, Ihrem wirtschaftlichen Denken über Innovationskraft bis zu Loyalität. Wie breit das Spektrum in Ihrem individuellen Fall gefasst wird, entscheidet unter anderem auch über die Länge des Gesprächs.
Zusammengefasst lassen sich folgende Kriterien benennen:
→ die beruflichen Leistungen – welche, wie gut,
→ das fachliche Wissen – welche Fähigkeiten

wenden Sie an, wie gut wenden Sie das Wissen praktisch an,

→ die Arbeitsweise – wie selbstständig arbeiten Sie, wie nehmen Sie neue Informationen auf und integrieren diese in den Arbeitsprozess, wie flexibel reagieren Sie auf Störungen des Ablaufs, wie organisieren Sie sich und ihre Aufgaben,

→ das Erscheinungsbild – so wenig es für Ihre Arbeitsleistung ausschlaggebend ist, so sehr beeinflusst es die Beurteilung,

→ das Auftreten – Ihre Haltung, Ihr Sprachvermögen, Ihre Organisationsfähigkeit,

→ das Verhalten im Team – wie finden Sie sich in einer Gruppe zurecht, wie kooperieren Sie mit den Kolleginnen und Kollegen.

Ihre Leistungseinschätzung – Phase A

Um Ihre eigene Leistung einschätzen zu können, erstellen Sie zuerst ein Tätigkeitsprofil. Nehmen Sie sich einen Zettel und einen Stift. Teilen Sie das Blatt in die zwei Spalten: Soll und Ist. Haben Sie bereits im letzten Jahr Ziele vereinbart, gehören diese in die Spalte Soll. Notieren Sie alle Teilbereiche, in denen Sie Aufgaben zu erledigen haben. Überlegen Sie genau: Denken Sie an die Arbeiten, die Sie allein erledigen, aber vergessen Sie nicht die Arbeiten, die Sie zusammen mit anderen erledigen. In die Spalte Ist tragen Sie all das ein, was Sie im Zeitraum der Beurteilung geleistet haben.

beispiel

Soll-Ist-Analyse am Beispiel eines Weiterbildungstrainers

SOLL	IST
Vermittlungsquote der Seminarteilnehmer höher als 50%	Vermittlungsquote kleiner als 30%
20 Seminare durchführen	23 Seminare durchgeführt
für alle Teilnehmer einen Praktikumsplatz finden	5 Teilnehmer von 220 blieben ohne Praktikumsplatz
Kontakte zum Arbeitsamt	Kontakte problemlos hergestellt
Teilnehmerzufriedenheit sichern	Teilnehmerzufriedenheit hoch
neue Konzepte entwickeln	keine neuen Konzepte entwickelt
Seminarteilnehmer werben	Werbung erfolgreich

| *Denken Sie in einer ruhigen Minute gründlich über Ihre Leistung, Ihr Potenzial und Ihr Ziele nach.*

Wenn Sie die Soll-Ist-Analyse vorliegen haben, fangen Sie an, Ihre Leistung anhand der folgenden Fragen zu beurteilen. Eventuell stellen Sie fest, dass Ihre Antworten zu den jeweiligen Teilbereichen auf Ihrem Zettel erstaunlich unterschiedlich ausfallen. Dann haben Sie einen ersten interessanten Anhaltspunkt für eine differenzierte Betrachtung Ihrer Arbeit und Ihrer Arbeitsweise gefunden.

→ Wie zuverlässig erbringen Sie Ihre Leistung?

→ Welche Ziele haben Sie erreicht?

→ Welche Aufgaben haben Sie zusätzlich übernommen?

→ Welche Aufgaben haben Sie termingerecht erledigt?

→ Wo sind Fehler aufgetreten?

→ Für welche Themen haben Sie Lösungsvorschläge eingebracht und umgesetzt?

→ Wo war die Zusammenarbeit mit Kollegen gut? Wo gab es Schwierigkeiten?

→ Bei welchen Kunden gelang die Zusammenarbeit reibungslos? Woran lag es? Bei welchen Kunden funktionierte die Zusammenarbeit nicht? Was waren die Gründe?

→ In welchen Situationen fiel es Ihnen schwer, flexibel zu reagieren?

Beantworten Sie die Fragen stichpunktartig auf einem weiteren Zettel. Dadurch bekommen Sie über Ihre Arbeitsleistung hinaus ein Bild davon, wie Sie Ihre Leistung erbringen.

Aus der Soll-Ist-Analyse Ihrer Leistungen lassen sich zwei Vorgaben ableiten:

→ Wenn Sie Ihr Soll erfüllen, müssen Sie es auch zukünftig stabil halten.

→ Wenn Sie Ihr Soll nicht erreichen, müssen Sie das Ist verbessern.

Ihre Potenzialeinschätzung – Phase B

In dieser Phase geht es um Ihre zukünftige Entwicklung. In der Potenzialeinschätzung ermitteln Sie, welche Möglichkeiten Sie zukünftig für sich sehen, die Leistungen zu halten oder zu verbessern. Dazu legen Sie später mit Ihrem Vorgesetzten fest, welche Maßnahmen getroffen werden müssen, um sich zu diesen Möglichkeiten hin zu entwickeln. Um Ihr Potenzial zu erkunden, beschäftigen Sie sich mit folgenden Fragen:

→ Setzen Sie bereits Ihr volles Potenzial ein?

→ Welche Leistungshemmer fallen Ihnen auf?

→ Wie groß ist der Lerneffekt bei Ihrer Arbeit?

→ Bilden Sie sich weiter, unabhängig vom Angebot Ihres Arbeitgebers?

→ Fühlen Sie sich unterfordert?

→ Fühlen Sie sich überfordert?

→ Wohin möchten Sie sich entwickeln?

→ Welche Aufgaben reizen Sie?

→ Welche Weiterbildungen haben Sie ins Auge gefasst?

Zu Ihrem Potenzial zählen auch Ihre kommunikativen Fähigkeiten. Um sie einzuschätzen, ziehen Sie bitte noch einmal den Test aus dem Kapitel »Kommunikation« zu Rate. Beantworten Sie die Aussagen möglichst ehrlich. Der Test kann seinen Zweck nicht erfüllen, wenn Sie ein Wunschbild von sich zeichnen und die Fragen dementsprechend beantworten. Nur mit einer realistischen Selbsteinschätzung können Sie eigene Schwächen und Fehler erkennen. Dann können Sie das eigene Verhalten auch ändern.

Ihre Ziele – Phase C

Aus der anfänglichen Soll-Ist-Analyse ergibt sich, wie gut Sie die gesteckten Ziele des vorherigen Beurteilungszeitraums erfüllt haben. Seien Sie dabei ehrlich, und machen Sie sich gleichzeitig Gedanken, inwieweit sich Ihre Ansichten von denen des Chefs unterscheiden

potenzial– einschätzung

✔ Überprüfen Sie die Ziele, Ihr Soll.

✔ Seien Sie stolz auf das, was Sie erreicht haben.

✔ Analysieren Sie die Ursachen, wenn Sie abgewichen sind.

✔ Analysieren Sie die Dinge, die Ihnen besonders gut gelungen sind.

✔ Überlegen Sie sich, wo Sie sich weiterbilden, entwickeln möchten.

✔ Entwickeln Sie Vorschläge, wie Sie sich qualifizieren können.

✔ Machen Sie sich Gedanken über die Ziele des kommenden Beurteilungszeitraums.

könnten, insbesondere bei Nicht-Erreichen der Vorgabe. So konkret Ziele verabredet werden können, so weit gehen später die Meinungen darüber auseinander, warum sie nicht erreicht wurden.

Über Ziele des Unternehmens zu sprechen, ist allerdings nur dann sinnvoll, wenn Sie die vereinbarte Leistung tatsächlich mit Ihrer Arbeit erbringen können. Das gilt für selbst gesteckte Ziele genauso wie für jene Ziele, die der Chef oder die Chefin im Sinne des Unternehmens vermittelt.

Die an das Gespräch über die Ziele gekoppelte Zielvereinbarung enthält die zu erbringende Leistung und die zur Verfügung stehenden Ressourcen. Beide Seiten müssen der Zielvereinbarung zustimmen. Unterschreiben Sie die Zielvereinbarung nur, wenn Sie sie mittragen. Jeder Ihrer Einwände muss schriftlich niedergelegt werden. Und Ihren Vorgesetzten sollten Sie bitten, selbst seinen Teil dafür zu tun, die vereinbarten Ziele umzusetzen.

Die Ziele eines Unternehmens können sehr vielfältig sein: Von der prozentualen Steigerung der Produktion über die Senkung der Kosten bis zur Steigerung der Qualität und der Verringerung der Ausfallzeiten reichen die möglichen Vorgaben. Aber auch qualitative Ziele wie die Einführung verbesserter Kommunikationsstrukturen lassen sich vereinbaren.

Bedenken Sie beim Aushandeln von Zielen, dass der Vorgesetzte in eigenem Interesse nur Ziele vereinbart, die erreichbar sind. Kein Chef möchte seiner Abteilung gewaltige Vorgaben machen, um dann im nächsten Jahr eingestehen zu müssen, dass kein Mitarbeiter die Ziele erreichen konnte.

Für eine Zielvereinbarung wird oft ein tabellarischer Vordruck verwendet. Dieser Vordruck enthält eine Reihe von Kriterien, die erfüllt sein müssen, damit das Verfahren einerseits transparent und andererseits im nächsten Jahr überprüfbar ist.

Die wesentlichen Kriterien einer Zielvereinbarung sind:

- → das benannte Ziel,
- → die Prioritäten,
- → die Kontrollinstrumente,
- → die benötigten Hilfsmittel,
- → die beteiligten Personen,
- → die vereinbarte Förderung,
- → die ersten Maßnahmen,
- → der vorgesehene Termin.

Diese Kriterien sollten sich in ähnlicher Form auf den Vordrucken Ihrer Firma finden.

Das Jahresgespräch

Vorbereitung

Holger Venne, seit acht Jahren Trainer bei einem Weiterbildungsträger, wird von seiner Chefin, Frau Miersch, zum Jahresgespräch gebeten. Sie informiert ihn eine knappe Woche vor dem Termin und drückt ihm einige Auswertungsbögen in die Hand. Herr Venne kennt die auszufüllenden Bögen bereits vom letzten Jahr. Trotz dieser »Routine« nimmt er sich die Zeit, die Bögen nochmals vollständig durchzulesen – und sich einzuschätzen.

Neben der bereits oben dargestellten Soll-Ist-Analyse beschäftigt sich Holger Venne mit diesen Punkten:

→ seinem erweiterten Aufgabenprofil,

→ seiner Selbsteinschätzung,

→ seiner Analyse der erreichten und der un-
erreichten Ziele,

→ dem Finden von Argumenten, warum Ziele
nicht erreicht wurden,

→ der Auseinandersetzung mit seiner schlei-
chend abnehmenden Motivation.

Während des Gesprächs – Teil 1

Holger Venne berichtet der Vorgesetzten
zunächst von seinen Hauptaufgaben: Kurse
und Übungen vorbereiten, Seminare halten,
Auswertung der Leistungskontrollen, Kontakt
zum Arbeitsamt, für alle Teilnehmer Praktika
organisieren, Unterstützung bei der Suche
nach einer festen Anstellung. »Hinzu kommen
Arbeiten im Büro, Schriftverkehr, Telefon-
dienst, Arbeitsbesprechungen. Alles in allem
komme ich zeitlich gerade über die Runden.
Und manche Sachen müssen liegen bleiben.«
Die Chefin entgegnet: »Ich bin mir bewusst,
dass Ihr Zeitplan sehr eng ist. Deswegen bin
ich meistens sehr zufrieden mit Ihrer Arbeit.
Insbesondere bei den Dozentenbeurteilungen
durch die Seminarteilnehmer schneiden Sie
überdurchschnittlich gut ab.«
»In der generellen Einschätzung Ihrer Leistung
stimme ich Ihnen daher zu, Herr Venne«, ergänzt Frau Miersch. »Aber ich teile nicht Ihre
Ansicht, dass Sie nicht mehr erreichen konnten.«
Herr Venne rutscht auf seinem Stuhl herum. Er
spürt, dass das Gespräch in eine entscheidende
Phase eintritt. »Ich verstehe Sie nicht ganz.«
»Sie haben, verglichen mit den anderen
Dozenten, sehr viel schlechtere Vermittlungsquoten.«

*Zu Beginn des Gesprächs werden Sie wahrscheinlich
gebeten, Ihre Aufgaben des letzten Jahres zu beschreiben.*

Holger Venne schweigt. Er weiß, dass die Quoten schlecht sind, weil er aus Personalmangel
zusätzliche Seminare halten musste. Dadurch
stand ihm nicht mehr genügend Zeit zur Verfügung. Ihn ärgert, dass die Chefin nicht selber
diesen Zusammenhang sieht, weil sie ihn doch
selbst zu den Seminaren einteilt.
»Wie beurteilen Sie diesen Umstand?«
»Nun, Frau Miersch, ich weiß nicht so recht,

! t i p p s

für den Einstieg

✔ Tragen Sie Ihren Teil für eine offene Atmosphäre bei. Hören Sie aktiv zu!

✔ Stellen Sie jene Arbeitsbereiche heraus, die der Vorgesetzte nicht selber beobachten kann.

✔ Beschreiben Sie Ihrem Vorgesetzten Verhaltensweisen, die Sie motiviert und gefördert haben.

✔ Machen Sie deutlich, wenn Sie mit der Sicht Ihres Vorgesetzten nicht übereinstimmen.

✔ Denken Sie auch an scheinbar unwichtige Details, die Stimmung im Unternehmen, das Verhalten des Vorgesetzten, vermeidbare Belastungen.

was ich sagen soll. Sie kennen doch die Situation genauso gut wie ich.«

»Aber Sie haben sich dennoch nicht engagiert, um eine höhere Vermittlungsquote zu erreichen.«

Herr Venne sagt gequält: »Ich habe in dem Seminar, das Sie ansprechen, sieben Teilnehmern Praktika vermittelt. Fünf hatten reelle Chancen, einen Job zu erhalten. Dann haben Sie mir zwei zusätzliche Seminare zugeteilt. Ich kann nicht gleichzeitig Seminare halten und weiterhin potenzielle Arbeitgeber besuchen.«

»Ich glaube aber sehr wohl, dass das möglich ist.«

Herr Venne überlegt, wieso er seine Chefin nicht von seiner Sicht der Dinge überzeugen kann. Er hat sein Bestes gegeben, aber es fehlte schlicht die Zeit, alle Aufgaben gut umzusetzen.

»Betrachten wir doch jetzt mal Ihr Potenzial,« geht seine Chefin zum nächsten Punkt über. »Wie lange ist es her, dass Sie eine innovative Idee beigesteuert haben? Was ist mit Ihrer Innovationsfreude? Wieso ist die nicht mehr zu spüren?«

Herr Venne glaubt, sich verhört zu haben. Er schüttelt den Kopf.

»Wie Sie wissen, biete ich allen Mitarbeitern an, dass Sie sich dafür mal ein, zwei Tage Urlaub nehmen können.«

Herr Venne macht in diesem Moment keinen Versuch, sich zu rechtfertigen. Er fühlt sich missverstanden. Schließlich schildert er, warum er keine Kraft mehr dazu hat, auch noch innovative Ideen einzubringen. Dabei spricht er nicht nur über das abgelaufene Jahr, sondern auch die Jahre davor.

Irritiert sagt die Chefin nach dieser Gesprächsphase: »Sie scheinen gerade nicht sehr motiviert, Herr Venne. Dennoch müssen wir noch über Ihre Ziele für das nächste Jahr reden.«

Herr Venne hat das Gefühl, dass das Gespräch für ihn sehr schlecht verläuft.

Wenn Sie einen negativen Eindruck vom Gesprächsverlauf haben, können Sie Ihre Vorgesetzte bitten, sich vom Gesprächsleitfaden zu lösen und über die Punkte genauer zu sprechen, die sie beide anscheinend unterschiedlich bewerten. Es wäre auch förderlich für das Gespräch gewesen, wenn Herr Venne seine

feedbackgespräch

Problem	Lösung
Sie geraten mit Ihrem Vorgesetzten in eine Beschuldigungsschleife. Er wirft Ihnen etwas vor. Sie werfen ihm etwas vor.	Verlassen Sie den Gesprächsgegenstand. Nähern Sie sich der Frage aus einer anderen Perspektive. Fragen Sie nach, was Ihr Vorgesetzter erwartet. Erkundigen Sie sich, wie Sie sich nach Meinung der Chefin oder des Chefs anders hätten verhalten können. Im Notfall bitten Sie um Vertagung des Gesprächs. Bereiten Sie sich auf das Zweitgespräch gut vor.
Ihr Chef lässt Sie nicht zu Wort kommen, er zieht nur sein eigenes Programm durch.	Bitten Sie ums Wort. Teilen Sie mit, dass es Ihnen zusteht, Ihre Sicht der Dinge zu schildern. Treten Sie für sich ein. Dieser Widerspruch darf sich nicht auf die eigentliche Beurteilung auswirken.
Ihre Chefin lässt nur Sie reden und hält sich mit eigenen Stellungnahmen zurück.	Fordern Sie die Vorgesetzte freundlich auf, ebenfalls Stellung zu beziehen. Immerhin sollen Sie beurteilt werden.
Ihre Vorgesetzte verdreht die Tatsachen – sowohl um ihre eigene Position zu stärken, als auch um Ihnen zu schaden.	Geben Sie Ihre andere Sicht der Dinge zu Protokoll. Vermeiden Sie einen Streit, wer Recht hat. Weisen Sie darauf hin, dass die Chefin mit Hörensagen argumentiert, wenn Sie sich auf Aussagen Dritter bezieht.

Gefühle direkt angesprochen hätte. Hierbei muss man natürlich eine gewisse Vorsicht walten lassen (siehe auch »Klimagespräch«, S. 117 f.). Herr Venne hätte zum Beispiel über seine schwindende Motivation sprechen und Gründe dafür aufzeigen können.

Läuft ein Gespräch, aus welchem Grund auch immer, völlig schief, können Sie zur Not auch eine »Auszeit« nehmen. Diese Handlungsalternative sollte man sehr vorsichtig einsetzen. Sie kann aber sinnvoll sein, wenn die Argumentation zu hitzig wurde, um sachlich mit dem Gespräch fortzufahren, oder Sie sich in Ruhe neue Argumente überlegen möchten. Das Gespräch wird üblicherweise um mindestens 24 Stunden vertagt.

Gelangt man partout zu keiner Einigung, können Sie Ihre anderslautende Ansicht zu den Akten nehmen lassen. Sinnvoller ist es aber sicherlich, eine Auszeit zu nehmen und dann das eigene Gesprächsverhalten und das des Chefs gründlich zu analysieren. Vielleicht entdecken Sie dann doch eine Möglichkeit zu einem Kompromiss. Dieser ist wichtig, da Sie auch in Zukunft mit Ihrem Vorgesetzten zusammenarbeiten müssen. Mit einer gründlichen Analyse des eigenen Kommunikationsstils und der Gesprächsvorbereitung in diesem Kapitel werden Sie sehr wahrscheinlich Mittel und Wege finden, Ihrem Vorgesetzten Ihre abweichende Sichtweise plausibel zu begründen.

Vor dem Mitarbeitergespräch mit dem Vorgesetzten sollten sich bei einem missglückten Projekt die Teammitglieder miteinander beraten.

Während des Gesprächs – Teil 2

Als Herr Venne und Frau Miersch sich am nächsten Tag wiedertreffen, unternimmt Herr Venne einen erneuten Anlauf, der Vorgesetzten seine Situation zu schildern. Er achtet mehr auf seine Wortwahl und auch darauf, alle Einwände, von denen er zuvor annahm, Frau Miersch müsse sie kennen, von sich aus anzusprechen.

Frau Miersch gibt zu, dass das letzte Jahr für alle Mitarbeiter sehr anstrengend war. »Ich werde im nächsten Jahr versuchen, die Pläne etwas besser zu organisieren. Doch gegen plötzliche Ausfälle bin ich nicht gewappnet. Ein anderer Punkt ist: Nächstes Jahr sind Wahlen, da werden die Etats der Arbeitsverwaltung wieder angehoben. Dann verbessert sich auch unsere finanzielle Lage wieder.«
Herr Venne ist froh, seinen Standpunkt vermittelt zu haben. Beide beschließen, die Ziele den momentanen Rahmenbedingungen anzupassen und im folgenden Jahresgespräch, unter günstigeren Vorzeichen, über anspruchsvollere Zielsetzungen zu sprechen – verbunden mit einer möglichen Prämie für gesteigerte Vermittlungsquoten.

Nachbereitung

Die Nachbereitung eines Mitarbeitergesprächs ist besonders wichtig. Vielleicht haben Sie erst nach dem ersten, in Ihren Augen missglückten, Jahresgespräch mit Ihrem Chef gemerkt, dass Sie beide auf unterschiedliche Art und Weise kommunizieren. Oder Sie sind frustriert, da Sie Ihre Sicht der Dinge nicht vermitteln konnten. Vielleicht ist auch alles ganz gut gelaufen, aber Sie würden beim nächsten Mal gerne noch

mehr von Ihren eigenen Plänen umsetzen. Sie könnten, mithilfe der entsprechenden Kapitel dieses Buches, beim nächsten Mitarbeitergespräch auch auf Weiterbildung oder das Gehalt zu sprechen kommen, falls Sie es dieses Mal noch nicht anzusprechen wagten.

tipps

Nach einem verunglückten Mitarbeitergespräch

✔ Setzen Sie sich noch einmal mit der Chefin oder dem Chef zusammen.

✔ Reflektieren Sie Ihr eigenes Verhalten. Was hätten Sie anders sagen, tun können, um dem Gespräch die gewünschte Richtung zu geben?

✔ Überlegen Sie, ob Sie die nächsthöhere Hierarchieebene einschalten oder, wenn vorhanden, ein Mitglied des Betriebsrats hinzuziehen.

✔ Erzielen Sie auch bei weiteren Gesprächen mit Ihrem Vorgesetzten keine Einigung, könnten Sie berufliche Alternativen in Erwägung ziehen.
Denken Sie aber daran: Mit der Bitte um ein Zwischenzeugnis, senden Sie ein deutliches Signal. Ihr jetziger Arbeitgeber weiß dann, dass Sie »wechselwillig« sind. Klärt sich die Situation in der Zwischenzeit wieder, könnte Ihnen diese Bitte die berufliche Zukunft verbauen.

interview

> Anfangs habe ich mir nichts dabei gedacht, als mein Chef anfing, meine Arbeit als seine zu verkaufen. Ich habe es für eine einmalige Sache gehalten. Doch im Laufe der letzten Monate verkündete er immer häufiger gegenüber der Geschäftsleitung, welche Lösungen er gerade wieder ausgetüftelt hatte. Das störte mich immer mehr. Schließlich riss mein Geduldsfaden, und ich bat ihn um ein Gespräch. Ich musste einfach handeln.

WENN KONFLIKTE ENTSCHÄRFT WERDEN MÜSSEN

Konflikte: unvermeidlich, aber nützlich!

In Unternehmen, Behörden, Vereinen, der Familie, der Arbeit oder in der Freizeit: Immer wenn Menschen aufeinander treffen, miteinander kommunizieren und an gemeinsamen Projekten arbeiten, kommt es früher oder später zu Konflikten.

Konflikte sind unvermeidbarer und nützlicher Bestandteil des menschlichen Zusammenlebens. Sie entstehen aus verschiedenen Sichtweisen, Absichten, Meinungen, Einstellungen, grundsätzlichen Interessensgegensätzen oder schlichten Missverständnissen.

Auch im beruflichen Alltag sind Sie ständig von Konflikten umgeben oder selbst Teil der Konfliktlandschaft: Ihre Kollegen gehen über-

übersicht

Konflikte sind unvermeidbar bei	Konflikte sind nützlich, weil sie
unvorhersehbaren Ereignissen,	eine Entwicklung auslösen,
verschiedenen Interessen,	zu neuen Lösungen führen,
ungleicher Informationsbasis,	Standpunkte klären,
unterschiedlichen Kommunikationsstilen,	zum Nachdenken anregen,
verschiedenen Zielen,	Grenzen verschieben,
verschiedenen Bewertungen.	die Beteiligten einander näher bringen.

pünktlich, während Sie immer länger bleiben müssen. Ihr Chef trifft einsame Entscheidungen, die Sie ausbaden müssen. Sie fühlen sich überfordert, bekommen aber vom Chef keine Unterstützung. Ihr Computer arbeitet unzuverlässig, aber im Etat ist kein neues Modell vorgesehen.

Allerdings lösen die Situationen selbst keineswegs Konflikte aus. Sie tragen nur das Potenzial, in einen Konflikt zu münden. Ihre individuelle Bewertung entscheidet, ob und wann Sie darin einen Konflikt erkennen. Häufung, Schweregrad der Disharmonie und die Bedeutung für Ihren Selbstwert beeinflussen Ihr Urteil maßgeblich.

So unvermeidbar und nützlich Konflikte sind, so sehr begegnen wir ihnen mit gemischten Gefühlen. Sie bringen den gewohnten Gang der Dinge durcheinander, stören die innere Ruhe und Harmonie. Sie beschäftigen uns, wühlen uns auf und lenken uns von anderen Aufgaben ab. Eventuell entfernen sie uns von den Menschen, von denen wir gar nicht entfernt sein möchten.

Gleichzeitig ermöglicht uns das Erkennen und die Analyse von Konflikten, den anderen besser zu verstehen, neue Lösungswege zu erkunden und Grenzen zu überwinden. Wir können unser Verhandlungsgeschick testen, ebenso unsere Kompromissbereitschaft und unseren

Konflikte sind ein nützlicher Bestandteil des Zusammenlebens in der Firma.

Konflikte erkennen

Um einen Konflikt mit Ihrem Chef zu erkennen, können Sie sich folgende zwei Fragen stellen:
→ Finde ich mich häufig in Situationen wieder, in denen der Chef sich nicht so verhält, wie ich es erwarte?
→ Ist meine emotionale Reaktion so stark, dass meine Stimmung im Job darunter leidet und meine Arbeit negativ davon beeinflusst wird?

Anlässe für Beziehungskrach mit einem Vorgesetzten gibt es mehr als genug. Die Beziehung fußt auf dem bereits am Anfang des Buches erwähnten Statusunterschied. Aus Ihrer Rolle als Mitarbeiterin oder Mitarbeiter und der Chefrolle resultieren zwangsläufig verschiedene Interessenlagen.
Für konfliktträchtiges Potenzial sorgen beispielsweise diese Situationen:
→ Der Chef beurteilt Sie im Gespräch nicht so gut, wie Sie es erwartet haben.
→ Der Chef übt Ihrer Meinung nach unberechtigte Kritik an Ihrer Arbeitseinstellung.
→ Der Chef gewährt Ihnen nicht die vereinbarte Gehaltserhöhung.
→ Der Chef gibt Ihnen die Verantwortung für ein Projekt, lässt Sie aber die einfachsten Entscheidungen nicht allein treffen.
→ Der Chef verteilt die Aufgaben im Team nach Wohlgefallen, nicht nach Fähigkeiten.
→ Der Chef zieht Ihnen bei interessanten Aufgaben immer Ihren Kollegen vor, der noch nicht so lange in der Firma arbeitet und Ihrer Meinung nach auch nicht über Ihre Erfahrung verfügt.

Sachliche Konflikte lassen sich durch klare Absprachen einvernehmlich lösen.

Willen, Veränderungen zu erreichen und durchzusetzen.
Sachliche Konflikte lassen sich häufig über neue Rahmenbedingungen, veränderte Pläne, neue Richtlinien oder klare Entscheidungen ausgleichen. Im weiteren Verlauf des Kapitels werden daher zwischenmenschliche Konflikte unter die Lupe genommen. Gelingt das Ausräumen eines sachlichen Konflikts nicht, liegt die Vermutung nah, dass ein persönlicher Konflikt die Lösung erschwert.

t e s t

Gibt es einen Konflikt mit Ihrem Chef?

	immer	meist	selten	nie
1. Der Chef begrüßt sie kurz, knapp und förmlich.	☐	☐	☐	☐
2. Wenn Sie mit Problemen zu ihm kommen, reagiert er ungeduldig.	☐	☐	☐	☐
3. Der Chef wertet Ihre Ideen ab, ohne sachliche Argumente zu nennen.	☐	☐	☐	☐
4. Der Chef verdreht Ihnen die Worte im Mund.	☐	☐	☐	☐
5. Der Chef erkundigt sich nicht mehr danach, wie Sie mit Ihrer Arbeit vorankommen.	☐	☐	☐	☐
6. Der Chef behält wichtige Informationen, die Sie für Ihre Arbeit brauchen, für sich.	☐	☐	☐	☐
7. Der Chef weicht offenen Gesprächen über die Atmosphäre aus.	☐	☐	☐	☐
8. Der Chef reagiert heftig und laut auf kritische Fragen.	☐	☐	☐	☐

Test-Auswertung

Wenn Sie mehr als fünf Kreuze bei »selten« oder »nie« setzen, deutet das darauf hin, dass sich die Beziehung zu Ihrem Chef ohne größere Schwierigkeiten gestaltet. Sie sind beide mit der momentanen Situation zufrieden.
Wenn Sie mehr als fünf Kreuze bei »meistens« oder »immer« setzen, deuten alle Zeichen darauf hin, dass die Beziehung zu Ihrem Vorgesetzten angespannt ist. Sie sollten sich möglichst schnell um eine Analyse des möglichen Konflikts kümmern und den Chef zu einem Gespräch auffordern, um nach einer Lösung zu suchen. Setzen Sie diesen Rat bald um, bevor der Konflikt eskaliert.

Wenn Sie einen Konflikt erkennen

Wenn Sie einen Konflikt erkennen und ihn nicht ansprechen, wird er Sie auch weiterhin begleiten. Nur in seltenen Fällen lässt er sich aussitzen. Jede noch so kleine Auseinandersetzung, die in die gleiche Richtung geht, belastet unterschwellig die Beziehung. Ihre Wahrnehmung richtet sich auf weitere Hinweise, welche die Situation entspannen oder weiter verschärfen. Bleibt die Spannung erhalten, können Sie den Konflikt nur noch lösen, indem Sie ihn offen diskutieren: Vielleicht beruhen ja all Ihre Wahrnehmungen doch auf einem Missverständnis? Oder basiert eine für Sie unverständliche Entscheidung auf einer

| Sind nur wenige beteiligt, lässt sich ein Konflikt oft rasch lösen.

Ihnen unbekannten Information? Haben Sie Ihren Chef verärgert, und er sagt es Ihnen nicht? Wenn Sie beginnen, sich diese Fragen zu stellen, sind Sie bereits inmitten der Analyse, dem zweiten Schritt, der nötig ist, um eine Disharmonie zu bewältigen.

Konflikte analysieren

Nachdem Sie einen Konflikt ausgemacht haben, sind Sie nicht automatisch der Lösung nähergekommen. Noch wissen Sie nämlich gar nicht, ob die Gegenseite ebenfalls ein Problem sieht. Das hierarchische Gefälle der Beziehung zwischen Ihnen und dem Chef sorgt zum Beispiel dafür, dass Sie ganz unterschiedliche Wahrnehmungsschwellen haben. Der Chef wird so lange keinen Konflikt erkennen, wie Sie genau das umsetzen, was er von Ihnen erwartet. Sie allerdings haben andere Erwartungen an Ihren Vorgesetzten, so dass

Sie herausgefordert sind, sich den Problemen zu stellen.
Um das Wesen des Konflikts mit Ihrem Chef zu ergründen, verwenden Sie folgende Fünf-Stufen-Analyse:

1. Was ist passiert?

Machen Sie sich klar, welches Ereignis oder Ereignisse zur jetzigen Situation geführt haben. Grenzen Sie das Geschehen ein. Seien Sie konkret. Vermeiden Sie Verallgemeinerungen. Benennen Sie die Rahmenbedingungen, in denen der Konflikt gedeihen konnte. Seien Sie an dieser Stelle ehrlich zu sich selbst.

2. Welche weiteren Auswirkungen hat das Geschehen?

Überlegen Sie sich die weiteren Konsequenzen. Fragen Sie sich vor allem, was passieren würde, wenn Sie nicht jetzt, sondern erst später reagieren. Lassen Sie das Szenario in

Gedanken eskalieren, und ziehen Sie daraus Ihre Schlüsse. Was passiert, wenn Sie den Konflikt ignorieren?

3. Wirkt der Konflikt lang- oder kurzfristig?

Machen Sie sich klar, wie lange sich das Geschehen bereits zu Ihren Ungunsten verändert. Vielleicht haben Sie nicht rechtzeitig klar genug reagiert und damit der heutigen Situation Vorschub geleistet?

4. Wer ist beteiligt?

Nennen Sie die Beteiligten. Wenn es nur um Ihren Chef geht, ist die Angelegenheit einfach. Kommen zusätzlich weitere Kollegen, womöglich andere Abteilungen ins Spiel, ist das Konfliktfeld sehr viel größer. Dadurch könnte es sein, dass die Situation weniger schnell ausgeglichen ist, als Sie es sich erhoffen.

5. Was ist zu tun?

Erstellen Sie einen Handlungsplan.
Überlegen Sie, inwieweit Sie dem Konflikt aus dem Weg gehen können.
Entscheiden Sie, was Sie bereit wären, zu verändern, um den Konflikt zu lösen.
Schreiben Sie aber auch auf, welche Veränderungen Sie von der anderen Konfliktseite erwarten. Überlegen Sie sich Handlungsalternativen. Denn wenn ein Vorschlag scheitert, könnte eine Alternative helfen.

Konflikte lösen

Konflikte lassen sich auf vielfältige Weise lösen. Das Gespräch mit dem Konfliktpartner ist nur eine unter vielen Möglichkeiten. Welche Lösung für welchen Konflikt die beste Vorgehensweise ist, hängt von der jeweiligen Situation und Ihrer Bewertung ab. »Flucht« ist zwar eine natürliche Reaktion, doch jedes Ausweichen wäre im beruflichen Alltag keine vernünftige Alternative. Nicht, weil Ihr Verhalten eigenartig erschiene, sondern weil Sie dem Konflikt auf Dauer nicht entgehen können.

konflikt-bewältigung

✔ Flucht
✔ Totschweigen
✔ Unterdrücken des Konflikts
✔ Zufallsentscheidung
✔ der Vorgesetzte spricht ein Machtwort (das Kanzler-Prinzip)
✔ Kompromiss/Zugeständnis
✔ Konfliktlösung – kooperative Bewältigung

Einem Konfliktgespräch müssen Sie sich spätestens dann stellen, wenn andere Lösungsversuche wie Machtwort oder Kompromiss gescheitert sind und sich das Problem auch nicht von selbst löst.
Zu den Zielen des Konfliktgesprächs gehören:

Wenn Sie die Probleme nicht länger ignorieren können, handeln Sie.

→ Benennen der unterschiedlichen Sichtweisen auf das Problem.
→ Erarbeiten einer (möglichst) gemeinsamen Konfliktbeschreibung.
→ Verdeutlichen der Konsequenzen, wenn der Konflikt erhalten bleibt.
→ Suchen nach Lösungen.
→ Vereinbaren von mindestens einem praktikablen Lösungsversuch.

Das Konfliktgespräch

Nach langen Wochen des Zweifels entscheidet sich Irina Novak, ihrem Konflikt mit dem Chef nicht länger aus dem Weg zu gehen. Frau Novak betreut in einer kleinen Abteilung die EDV-Systeme einer Mineralwasserfabrik. Frau Novak fühlt sich zunehmend von ihrem Chef ausgebootet, wenn dieser die Arbeit der Abteilung nach außen darstellt. Sie erledigt ihre Arbeit immer lustloser. Zunehmend verändert sich dadurch auch die Stimmung in der Abteilung. Frau Novak beschließt zu handeln, da sie die Situation als immer unangenehmer empfindet.

Vorbereitung

Bei der Analyse des Konflikts fällt Frau Novak auf, dass er ausgelöst wurde, weil ihr Chef nur in Grenzen über die technischen Fertigkeiten verfügt, die in der EDV nötig sind. Da er nach außen sein Gesicht wahren möchte, macht er ihre Leistungen zu den seinen.
Um die Situation zu klären, erstellt Irina Novak folgenden Stufenplan:
→ Sie will den Konflikt benennen.
→ Sie will den Chef fragen, warum er ihr die Anerkennung für ihre Leistung verweigert.
→ Sie will ihm eine Lösung vorschlagen, bei der er sein Gesicht wahren kann und Sie ihr ungutes Gefühl wieder los wird.

Während der Sitzung – Teil 1

Frau Novak kommt schnell zum Thema: »Es fällt mir nicht leicht, über dieses Problem mit Ihnen zu reden, aber ich muss es Ihnen zumindest einmal schildern.« Sie erklärt ihrem Chef die Situation in den letzten Wochen und Monaten. Sie schildert ihre Betroffenheit darüber, dass er zwar ihre Leistung nach außen verkauft, sie aber nicht einmal darüber in Kenntnis setzt. »Das kann so nicht weitergehen. Es geht mir schlecht dabei. Und ich verliere meine Lust an der Arbeit.«
Ihr Vorgesetzter ist sichtlich betroffen und denkt einen Moment nach. »Ich repräsentiere die Abteilung nach außen. Das Vorstellen der Projekte gehört zu meinen Aufgaben. Das wissen Sie doch, Frau Novak.«

konfliktgespräch

Problem	Lösung
Sie trauen sich nicht, Ihrem Chef zu widersprechen, sein Gesichtsausdruck schüchtert Sie ein.	Seien Sie bewusst freundlich, wählen Sie friedliche Worte und Ich-Botschaften. Vermeiden Sie aggressive Bemerkungen.
Der Konflikt verschärft sich, eine Lösung rückt in weite Ferne.	Denken Sie daran, das Gespräch zu vertragen. Immerhin haben Sie bereits erklärt, dass der Konflikt existiert. Bevor die Situation eskaliert, entziehen Sie sich ihr.
Die Chefin oder der Chef will den Konflikt nicht diskutieren, sondern möchte nur Konsequenzen mitteilen.	Lassen Sie sich nicht darauf ein! Ihnen geht es nicht darum, Schuld und Unschuld festzustellen. Sie wollen eine Klärung, damit die Bedingungen geändert werden, die zum Konflikt führen.
Sie geraten mit Ihrem Vorgesetzten in eine Beschuldigungsschleife. Er wirft Ihnen etwas vor. Sie werfen ihm etwas vor.	Verlassen Sie den Gesprächsgegenstand. Nähern Sie sich der Frage aus einer anderen Perspektive. Fragen Sie nach, was Ihr Vorgesetzter erwartet. Erkundigen Sie sich, wie Sie sich nach Meinung der Chefin oder des Chefs anders hätten verhalten können. Suchen Sie nach einer Möglichkeit, die Situation kurzzeitig zu verlassen. Eine Auszeit beruhigt die Gemüter.

»Aber die Stimmung in der Abteilung sinkt. Man hat das Gefühl, die anderen Abteilungen und die Geschäftsleitung bemerken nicht, wenn die Kollegen oder ich innovative Ideen haben. Was glauben Sie, wie viele Mitarbeiter der Firma denken, Sie würden die kreative Arbeit hier machen?«

Herr Hachmann blickt erschrocken. Gleichzeitig wird er aber auch wütend über den Vorwurf. »Jetzt gehen Sie aber zu weit, Frau Novak!«

Während der Sitzung – Teil 2

Das Gespräch verstummt. Herr Hachmann geht im Raum umher. Irina Novak sagt nach einer Weile: »Ja, vielleicht bin ich zu weit gegangen. Es tut mir leid.« Sie erhebt sich und geht zur Tür.

»Jetzt warten Sie doch. Was wollten Sie denn konkret von mir? Was soll ich Ihrer Meinung nach ändern?«

»Es wäre schön, wenn Sie nach außen manchmal die Namen der Kollegen nennen würden, die einen Vorschlag beigesteuert haben. Ich würde es auch als Unterstützung empfinden,

Achten Sie darauf, auch im Konfliktgespräch sachlich zu bleiben.

wenn Sie sich gegenüber der Geschäftsleitung für meine besprochene Lohnerhöhung einsetzen würden. Ich setze mich ja auch für Sie ein.« Herr Hachmann stützt das Kinn in die Hand und mustert die Kollegin aufmerksam. »Was noch?«

»Nun ja, manche Entscheidungen, die Sie in den Gremien treffen, sind nicht gut für unsere Abteilung. Ich habe den Eindruck, Sie haben Angst vor all den neuen EDV-Dingen.«

»Frau Novak, aber ich bitte Sie!« Doch seine Empörung klingt gekünstelt. Frau Novak weiß, dass sie den richtigen Riecher hat. Doch sie beschließt, an dieser Stelle auszusteigen. Herr Hachmann sagt nach einigen Sekunden: »Ich werde darüber nachdenken.«

Nachbereitung

Frau Novak verlässt das Zimmer erleichtert, erhobenen Hauptes und innerlich gestärkt. Sie zittert vor Aufregung und freut sich, dass Sie es nicht schon im Chefzimmer gespürt hat. Sie überlegt, dass wahrscheinlich ihre Aussage, zu weit gegangen zu sein, den Wandel bewirkt hat. Deswegen konnte ihr Chef einen Schritt auf sie zukommen.

Fragen, die Sie sich zur Nachbereitung eines Konfliktgesprächs stellen können:
→ Sind Sie zufrieden?
→ Sind Sie erleichtert?
→ Haben Sie Ihr Ziel erreicht?
→ Was waren die Wendepunkte?
→ Was würden Sie das nächste Mal anders machen?
→ Welche Auswirkungen hat das Gespräch auf andere Konflikte?

interview

Ich war überrascht, als die Chefin mich zu einer Unterredung über das Klima in der Firma und die neuen Mitarbeitergespräche bat. Was sollte ich ihr schon sagen? Ich kenne ja die anderen kaum. Das Gespräch selbst hat mich dann auch noch mal überrascht: es nahm eine Wendung, die ich vorher so nicht erwartet hatte.

GESPRÄCHE ÜBER DIE ATMOSPHÄRE IN DER FIRMA

Wie ist die Stimmung im Unternehmen?

Gelegentlich kommt es vor, dass die Chefin oder der Chef Sie zu einer persönlichen Aussprache bittet. Dabei beabsichtigt der Vorgesetzte, den Mitarbeiter zu einem offenen Gespräch über die betrieblichen Belange anzuregen. Er will Informationen, Meinungen und Erfahrungen mit Ihnen austauschen, die er benutzen kann, um (idealerweise) die unternehmerischen und sozialen Ziele der Firma umzusetzen.

Es kann sein, dass häufig wiederkehrende Konflikte den Vorgesetzten veranlassen, einzelne Mitarbeiter um eine Einschätzung zu bitten. Oder eine Umstrukturierung innerhalb der Organisation muss geplant und umgesetzt werden. In einem solchen Gespräch ist es dem Vorgesetzten wichtig, vergessen zu machen, dass er hierarchisch über Ihnen steht. Er muss Ihnen absolute Vertraulichkeit zusichern. Und er muss für die entsprechenden Rahmenbedingungen sorgen. Dazu muss der Chef dem Eindruck entgegenwirken, er wolle Sie nur als Informationsquelle nutzen.

Wenn die notwendige Basis für ein solches Gespräch geschaffen ist, gehört es zu den wenigen innerbetrieblichen Begegnungen, in denen das hierarchische Verhältnis zwischen Vorgesetztem und Mitarbeiter außer Acht bleibt.

Im Kasten »Test« finden Sie einige Fragen, die Ihnen weiterhelfen können, sich vor einem solchen Gespräch über das Klima in Ihrem Unternehmen Gedanken zu machen.

Test-Auswertung

Haben Sie mehr als sieben Fragen mit Ja beantwortet, ist die Stimmung in Ihrem

t e s t

Stimmung in Ihrem Unternehmen

	ja	nein
Wird von Ihnen Notiz genommen, wenn Sie einen Raum betreten?	☐	☐
Werden Sie gegrüßt, wenn Sie grüßen?	☐	☐
Essen Sie mit den anderen Kollegen zu Mittag?	☐	☐
Unterhalten sich die Kollegen gelegentlich über private Dinge?	☐	☐
Bleiben berufliche Probleme in den Pausen außen vor?	☐	☐
Befindet sich Ihr Unternehmen in sicherer wirtschaftlicher Situation?	☐	☐
Sollen Mitarbeiter eingestellt werden?	☐	☐
Treffen sich die Kollegen auch in der Freizeit?	☐	☐
Sind die Mitarbeiter zufrieden mit ihrer Arbeit?	☐	☐
Empfinden Sie das Klima als kooperativ?	☐	☐
Nimmt sich der Chef Zeit für die Probleme der Mitarbeiter?	☐	☐

aktiv werden

Wie wirkt die Firma auf Sie?

- ✔ Wie ausgeprägt ist die Unternehmenskultur?
- ✔ Wie kommen Veränderungsvorschläge an?
- ✔ Wie werden die Mitarbeiter behandelt?
- ✔ Werden die Mitarbeiter in unternehmerische Entscheidungen einbezogen?
- ✔ Wie ist der Führungsstil des Hauses?
- ✔ Wer bezieht sich innerhalb des Hauses auf wen?
- ✔ Wer ist informell für welchen Bereich zuständig?
- ✔ Duzen sich die Mitarbeiter?

Betrieb ganz in Ordnung. Die Kollegen kommunizieren viel miteinander und interessieren sich auch über die Arbeit hinaus füreinander.

Überwiegen die Nein-Antworten, müssen Sie aktiv werden. Dann ist die Stimmung mies, die Mitarbeiter sind lustlos und wollen nichts miteinander zu tun haben. Das Klima wird bestimmt durch gegenseitiges Aus-dem-Weggehen oder gnadenlose Konkurrenz.

Wie viel Offenheit ist machbar?

Über hierarchische Grenzen hinweg zu kommunizieren ist keine einfache Übung. Bei allem Vertrauen, das sich die Chefin oder der Chef von Ihnen erhofft, ist eine taktische Kontrolle der Situation Ihrerseits besser. Ihre verschiedenen Interessenlagen können Sie nicht aufheben.

Achten Sie sehr darauf, wie sich der Vorgesetzte Ihnen nähert. Steuert er das Gespräch in eine bestimmte Richtung? Oder verhält er sich offen und lässt Sie erzählen, ohne mit seiner eigenen Einschätzung zu geizen?

Machen Sie keine Aussagen, die Sie später bereuen werden.

Vorsicht ist angebracht, wenn
➔ der Vorgesetzte mit seinen Absichten unklar bleibt.
➔ er versteckt droht.
➔ Sie in eine Art Vertrauenspakt einschlagen sollen.
➔ er Ihnen Angebote zur eigenen Entwicklung macht.
➔ einem anderen geschadet werden soll.
➔ Ihnen ein geldwerter Vorteil versprochen wird.
➔ Sie das Gespräch als Einbahnstraße empfinden.
➔ die anderen Kollegen vor dem Gespräch Warnungen aussprechen.
➔ der Vorgesetzte Ihnen schmeichelt und die anderen Mitarbeiter abwertet.

Ein Klimagespräch kann auch dazu beitragen, Konflikte im Team zu lösen.

Schützen Sie Ihre Interessen! Lassen Sie sich keine Statements entlocken, die Sie hinterher bereuen könnten. Gerade in der Schilderung Ihrer Arbeitssituation dürfen Sie taktisch vorgehen. Der Chef bleibt Ihnen vorgesetzt, unabhängig vom momentanen Vertrauen.

Das Klimagespräch

Silvia Teichmann arbeitet als Sachbearbeiterin in einem Logistik-Unternehmen. Die Firma hat durch den Handel im Internet einen Aufschwung erlebt. Eines Tages überrascht Frau Meiser, ihre Chefin, sie mit der Bitte um ein Gespräch. Sie möchte sich bei der Kollegin erkundigen, wie die im letzten halben Jahr eingeführten Mitarbeitergespräche bei der Belegschaft ankommen.
»Ich weiß nicht so recht, ob ich die kompetente Ansprechpartnerin dafür bin. Ich habe kaum Kontakt zu den anderen.«
»Gerade deswegen habe ich Sie ausgewählt. Ich bin an Ihrem Blickwinkel interessiert. Und mit den Kollegen rede ich auch noch.«

Vorbereitung

1. Frau Teichmann denkt in einer ruhigen Minute an ihre berufliche Situation:
   ➔ Fühlt sie sich im Team wohl? Warum? Warum nicht?
   ➔ Was stört sie am meisten?
   ➔ Wie könnte sie Abhilfe schaffen?
   ➔ Was hält sie von den Mitarbeitergesprächen?

übersicht

Stärken des Mitarbeitergesprächs	Schwächen des Mitarbeitergesprächs
Man zieht Bilanz.	Das Gespräch ist zu lang.
Die Erinnerung an die Leistungen des letzten Jahres erneuert das Bewusstsein, was man selber geschafft hat.	Die Struktur des Gesprächs überfordert, weil es so detailliert Informationen erfragt.
Konkrete Ziele werden vereinbart.	Es werden zu viele Informationen erhoben.
Es ist gut gegen das Vergessen.	Die Leistungseinstufung ist nicht ganz ernst zu nehmen, weil die Arbeit so wenig vergleichbar ist.
Es bewirkt eine Auseinandersetzung mit den Arbeitsbedingungen.	
Es deckt Missverständnisse auf.	
Es bessert das Betriebsklima.	

2. Sie spricht zu Hause mit einer Freundin über das Thema und bekommt von ihr Anregungen.

3. Sie fragt mehrere Kollegen, holt deren Meinung ein.

Schließlich fertigt Silvia Teichmann eine Stärken-Schwächen-Analyse an, um ihre Eindrücke zusammenzufassen.

Während der Sitzung

Die Chefin begrüßt die Mitarbeiterin, die bereits in der Cafeteria auf sie wartet. Frau Teichmann lächelt und grüßt ebenfalls. Sie hat den Ausdruck der Stärken-Schwächen-Analyse neben ihrer Kaffeetasse liegen. Nach den eröffnenden Worten der Chefin schiebt Frau Teichmann zuerst das Papier über den Tisch. Ein paar Minuten später sagt Frau Meiser: »Das freut mich ja sehr, dass Sie das Klima gebessert sehen.«
»Sie haben auch sehr viel dafür getan.«
»Na ja, es konnte so nicht weitergehen. Den Unmut über den Weggang Ihres alten Chefs konnte ich nicht anders auffangen.«
Frau Meiser und Frau Teichmann unterhalten sich über die Veränderungen im letzten Dreivierteljahr und das unerwartet große Wachstum. Die Bürofläche reiche nie aus, ständig tauchten neue Gesichter auf, die in das Unternehmen zu integrieren seien. Alles sei immer

im Fluss, ergänzt die Mitarbeiterin. Menschen kommen, Gruppen bilden sich, manchmal auch Klüngel. »Aber das ist ja gar nicht mein Problem«, fügt Frau Teichmann hinzu.
»Sie haben ein Problem?«, will die Chefin wissen.
Frau Teichmann schaut irritiert, schüttelt den Kopf, bleibt aber stumm.
Frau Meiser ergreift die Initiative: »Ihre Positi-

on in der Gruppe, nicht wahr? Sie fühlen sich ausgeschlossen?«
Frau Teichmann zögert eine Weile. »Ich schließe mich wohl selber aus. Mich stören die Blicke der Männer, wenn sie unser Büro betreten. Gehe ich durch das Haus, achte ich permanent darauf, Distanz zu waren. Andernfalls habe ich Angst, laufend angesprochen zu werden.«
»Verstehen Sie jetzt, warum ich Sie zuerst aufgefordert habe, mit mir zu reden?« Silvia Teichmann nickt und die Chefin sagt: »Ich werde auch die anderen Kolleginnen auf dieses Thema ansprechen. Dann beraten wir uns wieder.«

Nachbereitung

Ein Gespräch wie es Frau Meiser und Frau Teichmann geführt haben, nimmt die persönliche Situation der Mitarbeiterin zum Anlass, einen Eindruck von der Organisation zu bekommen. Ein solches Gespräch fördert das Klima und stärkt den Zusammenhalt im Team. Der kooperative Führungsstil ermöglicht der Mitarbeiterin, sich zu öffnen. Zudem stellt die Chefin eine Klärung in Aussicht, nachdem sie sich andere Eindrücke geholt hat.

Denken Sie an eine Nachbereitung auf Basis Ihrer Gesprächsnotizen.

In einer solchen Umgebung erbringen wir alle gern gute Leistungen. Zwar können die Rollenbegrenzungen nicht überschritten werden, aber aus dem Potenzial beider Seiten holt die Chefin in diesem Gespräch das Optimale heraus. Und die Mitarbeiterin ist dankbar für das ihr entgegengebrachte Vertrauen.
In einem solchen Klima gedeihen auch die Gespräche über die anderen in diesem Buch

Gute Kommunikation verbessert die Stimmung in einem Team.

angesprochenen Themen ausgesprochen gut. Deswegen steht das Klimagespräch nicht zufällig am Ende dieses Buches. Schließlich zeigt es, dass innerbetriebliche Kommunikation gelingen kann. Das Klima bereitet den Boden für den Beziehungstanz in allen anderen Gesprächen. Zusammengefasst bestimmen Sie mit den folgenden Schritten in allen Gesprächen den Takt:

→ Sie sind gut vorbereitet.
→ Sie begrenzen Ihr Thema eindeutig.
→ Sie wissen, was Sie wollen.
→ Sie verfügen über mehrere Handlungsalternativen.

→ Sie sind entschlossen, sich für die eigenen Belange einzusetzen.
→ Sie sind bereit, etwas zum Gelingen der Kommunikation beizutragen.
→ Sie verlieren Ihren Handlungsfaden nicht aus den Augen.
→ Sie lassen sich nicht ohne weiteres verunsichern und nehmen ein Scheitern gelassen, denn Sie wissen: Nach dem Gespräch ist vor dem Gespräch.

Mit wachsender Erfahrung wird Ihnen die Kommunikation mit Chef oder Chefin immer besser gelingen. Sammeln Sie schon im nächsten Gespräch die ersten positiven Erfahrungen.

service

Adressen, die weiterhelfen

Auf den nachfolgend genannten Internet-
seiten finden Sie eine Fülle von Informationen rund um den Job, zur Bewerbung, zum
Gehalt sowie zur Kommunikation im Betrieb
und mit Ihrem Chef.

→ Beruf und Karriere – »Focus Online«
www.focus.de (über Link »Beruf und Karriere«)

→ »FAZ-Online-Service«
www.chancen.net

→ Karrieremagazin des »Handelsblatts«
www.jungekarriere.com

→ Familienzeitschrift »Eltern«
www.eltern.de (über Link »Kind und Beruf«)

→ Arbeitsamt
www.arbeitsamt.de

→ Vereinte Dienstleistungsgewerkschaft
www.verdi-net.de

→ IG Metall
www.igmetall.de

→ Deutscher Gewerkschaftsbund
www.dgb.de

→ Zeit zu leben – Ratgeber für Zufriedenheit,
Erfolg & Lebensqualität
www.zeitzuleben.de (über Link »Beruf und
Karriere« oder »Kommunikation«)

→ Kinder – Karriere – Konzepte
www.familie-und-beruf.de

→ Karriereguide bei Evita.de
www.evita.de (über Link »evita jobworld«)

→ Women & Work – »Allegra«
www.allegra.de/work/

→ Über 40 000 Seminare zur Aus- und Weiterbildung
www.seminar-shop.com

Bücher, die weiterhelfen

→ Breisig, Thomas: *Personalbeurteilung, Mitarbeitergespräch, Zielvereinbarungen,* Bund-Verlag, Frankfurt/Main

→ Drzyzga, Uwe: *Personalgespräche richtig führen,* dtv, München

→ Färber, Christine: *Jobwechsel,* Gräfe und Unzer Verlag, München

→ Gehm, Theo: *Kommunikation im Beruf,* Beltz-Verlag, Weinheim

→ Guenther, Ullrich/Sperber, Wolfram: *Handbuch für Kommunikations- und Verhaltenstrainer,* Ernst Reinhardt Verlag, München (Von Guenther und Sperber stammen die Kategorien für rhetorische Tricks.)

→ Kießling-Sonntag, Jochen: *Handbuch Mitarbeitergespräche,* Cornelsen-Verlag, Berlin

→ Reichel, Karin u.a.: *111 Tips zum Arbeitsleben.* Bund-Verlag, Frankfurt/Main

→ Schuler, Heinz: *Lehrbuch der Personalpsychologie,* Hogrefe-Verlag, Göttingen (Von Fiege, Muck und Schuler stammen die 5 Zielebenen eines Gesprächs.)

→ Schulz von Thun, Friedemann: *Miteinander reden,* Band 1–3, Rowohlt-Verlag, Reinbek

→ Schwarz, Gerhard: *Konfliktmanagement,* Gabler Verlag, Wiesbaden.

→ Sonntag, Karlheinz (Hrsg.): *Personalentwicklung in Organisationen,* Hogrefe, Göttingen

→ Zimmermann, Thomas/Schubert, Silke: Erste *Hilfe. Die ersten 100 Tage im neuen Job,* WRS, Planegg

register

impressum

Redaktionsleitung:
Steffen Haselbach
Redaktion: Nina Pohlmann
Koordination und Realisation:
Christine Proske, Ariadne-Buchkonzeption, München
Redaktionelle Bearbeitung:
Beatrice Braken-Gülke
Titelfoto: Andreas Hosch

Umschlag und Gestaltung:
indepedent Medien-Design
Herstellung: Ute Hausleiter
Satz: EDV-Fotosatz Huber /
Verlagsservice G. Pfeifer,
Germering
Repro: Repro Ludwig, Zell am See
Druck und Bindung: Kaufmann,
Lahr

ISBN: 3-7742-3404-3

Auflage   4.   3.   2.   1.
Jahr   2004   2003   2002   2001

Fotos:
Bavaria Bildagentur: S. 54, 76, 113, 117. Geduldig: 60. Getty Images: 101. Ifa-Bilderteam: 110. Image Bank: 7, 30, 45, 66, 77, 81, 107, 121. Mauritius: Inhalt, 4/5, 11, 16, 32/33, 40, 44, 62/63, 82, 96, 106. Pictor: Inhalt, 35, 50, 57, 70, 93, 108, 114. Premium: 41, 98. Stone: Inhalt, 6, 34, 48, 64, 71, 74, 80, 88/89, 90, 104, 118, 120. Superbild: 87. Alexander Walter: 115. Zefa: 26, 61, 68, 84, U4.

Umwelthinweis

Dieses Buch wurde auf chlorfrei gebleichtem Papier gedruckt. Um Rohstoffe zu sparen, haben wir auf Folienverpackung verzichtet.

Wichtiger Hinweis

Die Beiträge in diesem Buch sind sorgfältig recherchiert und entsprechen dem aktuellen Stand. Abweichungen, beispielsweise durch seit Drucklegung geänderte Preise, Gebühren, Anlageentwicklungen, WWW-Adressen, etc. sind nicht auszuschließen. Weder Autor noch Verlag können für eventuelle Nachteile oder Schäden, die aus den im Buch gegebenen praktischen Hinweisen resultieren, eine Haftung übernehmen.